MW01711019

FOI VIVANTE 259

Celui qu'on appelle Jésus

Ouvrages du même auteur
parus aux
Éditions Ouvrières

Pas d'exclus pour la fête.
Dieu, personne ne l'a jamais vu...
Un grand champ à moissonner.

Alain PATIN

Celui qu'on appelle Jésus

LES ÉDITIONS OUVRIÈRES
1990
Distribution Cerf

Collection de Poche

Foi Vivante

Éditeurs partenaires :

Le Centurion (Jean Potin, Danièle Guilbert)
Le Cerf (Nicolas-Jean Sed)
Desclée de Brouwer (Charles Chauvin)
Nouvelle Cité (Jean-Pierre Rosa)
Éditions Ouvrières (Patrick Merrant)
Éditions Salvator (Pierre Zumbiehl)

Coordination : Jean-Pierre Rosa, Nicolas-Jean Sed

ISBN : 2-7082-2861-3
ISBN Cerf : 2-204265-X
ISSN : 0430-8530

Préface

L'Affaire Jésus

Périodiquement on s'agite à cause de Jésus. Certains pensent défendre sa mémoire en recourant à la violence, tandis que d'autres tentent, à l'aide de prétendus secrets récemment découverts, de réduire le phénomène Jésus ou de disqualifier le personnage ; et l'on voit paraître des livres soi-disant scientifiques qui ne présentent qu'un Jésus de pacotille !...

Curieusement ces efforts ne font que prendre le relais d'innombrables tentatives ; ils reproduisent ce qui s'est toujours fait. Jésus n'a revendiqué pour lui ni titre, ni honneur, ni privilèges ; pourtant il a été considéré comme un gêneur qu'il fallait éliminer. Tentative réussie en l'an 30 de notre ère à Jérusalem : Pilate, le gouverneur romain, poussé par les chefs religieux le condamne à mort et le fait exécuter, en le clouant sur une croix. Mais tentative aussitôt avortée, car le personnage ressurgit et de nouveau il habite la conscience d'hommes et de femmes de plus en plus nombreux.

Puis en l'an 50, à Rome, à l'autre bout du monde connu — 20 ans après la croix —, l'empereur Claude expulse les juifs de la ville, parce qu'ils s'agitent à cause d'un certain « Christ ». Dans les années 60 de nouveau à Jérusalem. Paul est arrêté : il prétend qu'il est vivant ce Jésus mis à mort depuis déjà 30 ans ! Si c'est un mort, même illustre, pas de quoi s'exciter ! Mais s'il est vivant, s'il faut compter encore avec lui, s'il est acteur en ce monde, comme hier il reste encombrant et dangereux...

Et, depuis, l'humanité n'en finit pas de régler l'« affaire Jésus », ce personnage inclassable. Tant que des hommes, des femmes, des jeunes proclameront : « Il est vivant, il est ressuscité ! », la question de Jésus continuera à hanter nos sociétés même si les Églises qui se réclament de lui ont perdu beaucoup de leur influence. « Le soir dans nos grandes villes, lorsque les églises ont fermé leurs portes et que dans le secret de leurs chambres les chrétiens invoquent son nom, l'Homme de Galilée descend dans la rue. Lui, qui depuis des siècles était enfermé dans les vitraux, les statues de plâtre et les formules de liturgie, apparaît aujourd'hui sur les façades de théâtre, les pochettes des disques, sur les panneaux d'affichage.[1] »

Aujourd'hui comme hier, Jésus intrigue et pose question. Pourquoi s'en étonner ? Déjà, en son temps, les Évangiles nous rapportent qu'il était loin de faire l'unanimité. Quand certains déclaraient : « Jamais homme n'a parlé comme cet homme ! », d'autres restaient dans une prudente réserve : « C'est un prophète comme les anciens prophètes », tandis que certains l'accusaient vraiment : « Il égare le peuple ; il a perdu la raison ; c'est un goinfre, un ivrogne, un possédé du démon. » Même pour ses proches, il restait une énigme : « D'où lui vient cette sagesse ? N'est-ce pas le charpentier, le fils de Marie et le frère de Jacques,

---

1. Marlène TUININGA, « Le phénomène Jésus », dans *Échanges*, n°110, 1973, p. 1.

de José, de Jude et de Simon ? ses sœurs ne sont-elles pas ici parmi nous ? » Même ses amis l'interrogeaient : « Es-tu celui qui doit venir ou devons-nous en attendre un autre ? »

C'est une chance pour nous de voir les Évangiles faire écho aux diverses opinions concernant Jésus ; cela offre un terreau vivant où peut naître aujourd'hui une foi libre ; face à cette diversité de jugements sur Jésus, les croyants sont constamment invités à rester éveillés et à approfondir leurs raisons de croire et les doutes qui se font jour en eux. Ils ne sont pas enfermés dans la répétition de formules toutes faites, mais au contraire sans cesse provoqués à exprimer en termes neufs ce qu'ils découvrent de Jésus.

Aujourd'hui encore, des hommes, des femmes, des jeunes se laissent interroger par ses paroles et par le témoignage de sa vie. Pour eux, ce personnage du passé est un vivant qui donne goût à leur existence ; le suivre est une aventure qui renouvelle leur vie et les comble de joie. Bien plus, ils voient en lui l'explication dernière de toute chose ; ils reconnaissent en lui le fond même de toute réalité, le dynamisme profond de toute l'histoire des hommes, puisqu'ils l'acclament comme Dieu.

Ces témoins d'hier et d'aujourd'hui seront nos guides pour découvrir celui qu'on appelle Jésus. Seraient-ils disqualifiés, parce que trop impliqués dans l'affaire, trop de parti pris ? Mais faut-il être neutre pour bien parler de quelqu'un ? Qui peut pénétrer l'intimité et la vérité d'un quelconque personnage ? Est-ce l'observateur soi-disant impartial, ou n'est-ce pas plutôt l'ami et le compagnon ? Un phénomène physique peut certainement se découvrir de l'extérieur, une personne ne se livre vraiment qu'abordée avec une sympathie au cœur.

Pourtant cela n'empêche pas la rigueur scientifique. Depuis plus d'un siècle, des chercheurs et des spécialistes de la Bible ont fait avancer la connaissance du contexte social, politique et religieux où Jésus s'est manifesté. Grâce aux écrits contemporains, grâce aux fouilles archéologiques, grâce à de nombreux documents émanant de diverses sources, ils ont progressivement abouti à une description de la réalité de l'époque qui rencontre un large consensus. Sur cette base, les prises de position, les paroles, les faits et gestes de Jésus ont révélé une grande originalité en même temps qu'un enracinement dans certains courants de son époque. Loin de banaliser l'aventure de Jésus, cette recherche lui donne plus de relief. Tout au long de cet ouvrage, nous nous appuierons sur les résultats les plus sûrs de ces spécialistes de la Bible.

Personne ne vient à Jésus sans une recherche au cœur. Et pourtant beaucoup sont gênés par de vagues souvenirs de catéchisme, qui leur ont laissé plus de doutes que de lumière ; ils n'ont pas tellement envie d'opérer un retour en arrière ; il leur faudra aller audelà de ces réticences légitimes.

Par ailleurs, aujourd'hui de nombreux adultes frappent à la porte des églises et demandent le baptême : pour découvrir Jésus, ils n'ont pas ce patrimoine chrétien que d'autres ont plus ou moins reçu en famille.

Ce livre s'adresse aux uns et aux autres, convaincu que Jésus ouvre aux hommes un formidable avenir de vie, de liberté et de foi.

Oui, Jésus a manifesté un ardent amour de la vie des hommes : leur santé, leur joie, leur épanouissement le concernent ; rien ne l'arrête quand il s'agit de faire jaillir plus de vie. « Moi, je suis venu pour que les hommes aient la vie, et qu'ils l'aient en abondance. » Jésus est un vivant et un semeur de vie ; il ne laisse personne en place ; il remet debout ; il remet en route. Sa prise de position en faveur de la vie reste pour aujourd'hui une force d'interpellation ; elle invite à un engagement radical pour le développement des hommes.

Sur la planète terre, qui se construit sur la mort quotidienne de milliers d'êtres humains, qui voue au sous-développement, à l'échec scolaire ou social des milliers d'autres et qui laisse des pans entiers de sa jeunesse s'engluer dans le chômage, les petits boulots ou les stages sans débouchés, Jésus sauve s'il réveille notre ardeur pour chercher à ouvrir pour tous ces exclus des chemins de vie.

Jésus s'est révélé d'une étonnante liberté par rapport aux modèles imposés de son époque, libre dans ses fréquentations et dans ses affections, libre vis-à-vis de l'argent et des honneurs, libre dans sa manière de pratiquer sa religion. Libre, il revendique la même liberté pour les autres ; il vient libérer les opprimés de toutes sortes. Pour entraîner sur ce chemin de liberté, il ouvre une voie : celle du service les uns des autres.

Dans une société qui se barricade derrière des mots d'ordre, des murs ou derrière des idéologies racornies et dévastatrices, devant un capitalisme sans cœur qui réduit en esclavage des peuples entiers au nom du profit, Jésus sauve s'il donne le goût de briser les barrières et de se libérer de la peur et s'il relance vers le grand large, en misant sur des hommes libres et responsables.

Jésus a étonné aussi par une foi à toute épreuve. Pour lui, il y a toujours quelque chose à entreprendre : aucune situation n'est définitivement bouchée ; aucun homme n'est condamné ou muré dans ce qu'il est devenu. Pour tous et pour tout, il y a toujours un avenir. La foi dont il vit, il cherche à la susciter au cœur de ceux qu'il rencontre. Il propose à chacun d'en faire l'expérience : « Si vous avez une foi qui n'hésite pas et si vous dites à cette montagne : "Soulève-toi et jette-moi dans la mer, cela se fera." » Une telle espérance brise toute inertie et ouvre les frontières de l'impossible.

Dans un monde qui se résigne à vivre au jour le jour, devant des responsables prêts à se plier aux impératifs économiques et à baisser les bras, Jésus sauve s'il donne foi en un avenir riche de folles ambitions ; il redit que c'est la nuit qu'il est beau de croire au matin, que la graine est en terre et que le temps de la moisson approche.

Si la vie, la liberté, la foi en l'avenir suscitent en nous l'envie de s'engager pour les promouvoir, alors nous avons raison de nous intéresser à Jésus. Il ouvrira à nos cœurs des perspectives brûlantes qui ne sont pas prêtes à se refermer ; il inscrira nos noms en lettres de lumière dans l'histoire ardente et pleine d'aventure qui berce les hommes ; il nous conduira au-delà de nous-mêmes, en faisant craquer les carapaces qui risquent de nous étouffer.

N'est-ce pas ce que pressentait Alain, jeune travailleur du bâtiment, dans la chanson naïve qu'il écrivait à l'approche de Noël ? C'est pour lui et pour bien d'autres en recherche comme lui que ce livre a été écrit.

Refrain : Jésus, Jésus, où es-tu ? Je ne te vois pas.
Jésus, Jésus, où es-tu ? Je ne te vois plus...

1. Un jour nouveau va naître,
préparons cette fête,
et tu verras, tout s'arrangera !
Il est né, notre Sauveur,
Et maintenant chantons en chœur !

2. Je ne te vois pas, mais je te sens,
à travers les gens qui se tourmentent.
Et après tout, existes-tu ?
Fais un effort et montre-toi !

PREMIÈRE PARTIE

CE QUI EST ARRIVÉ AU PAYS DES JUIFS

ORIGINE DES TEXTES

Jésus n'a rien écrit ; tout ce que nous savons sur Lui nous vient des témoins qui l'ont accompagné dans son aventure humaine. Eux non plus n'ont pas commencé par écrire ; les écrits ne sont apparus que très lentement ; vingt, trente ou quarante ans après la mort de Jésus. A cette époque, le principal moyen de communication et d'information est la parole ; en effet, la plupart des gens ne savent ni lire ni écrire.

Une autre raison à cela : les premiers chrétiens se sont rassemblés sur une expérience vitale et non pas sur un texte, une sorte de « manifeste chrétien » qui aurait marqué la fondation de leur mouvement. Ils n'étaient pas préoccupés d'écrire, car c'est en eux qu'ils expérimentaient quelque chose de nouveau : à travers Jésus, ses amis et compagnons découvraient peu à peu une vie nouvelle[1].

---

1. Ne faisons-nous pas de temps en temps des expériences semblables ? Une rencontre où l'on peut exprimer tout ce « qu'on a sur le cœur », la

Cette expérience, ils s'aperçurent qu'elle n'était pas réservée à quelques-uns ; tous pouvaient la faire : pas besoin de savoir lire ou écrire ou d'être capable de longues réflexions, pas besoin d'être juif, ni même d'avoir une moralité irréprochable. Le renouveau apporté par Jésus n'était pas réservé à une élite intellectuelle, raciale ou morale.

Non, tous pouvaient être plongés (baptisés) dans une vie différente et reconnaître que l'Esprit de Jésus les transformait : cette expérience les marquait si fortement qu'ils ne pensèrent pas à la mettre par écrit : ce n'était pas nécessaire.

Mais, au fur et à mesure que les communautés se multipliaient, des questions nouvelles se posaient et il fallait y répondre. Alors des hommes reconnus, comme Paul, Pierre, Jacques et d'autres, envoient des lettres aux communautés : les écrits les plus anciens sont ces lettres ; leur place dans la Bible pourrait faire croire qu'elles sont apparues après les Évangiles : pour la plupart, c'est le contraire qui est vrai.

---

participation à un rassemblement de jeunes enthousiastes, la découverte qu'on peut agir, se dépasser, mettre ses capacités au service des autres... voilà des lieux où beaucoup ont expérimenté une vie nouvelle : désormais rien ne sera plus comme avant.

Et ceux qui aiment font aussi la même expérience : Aragon l'a exprimé dans ce poème que chante Ferrat :

« Que serais-je sans toi qui vins à ma rencontre ?
Que serais-je sans toi qu'un cœur au bois dormant ?
Que cette heure arrêtée au cadran de la montre ?
Que serais-je sans toi que ce balbutiement ? »

N'est-ce pas une aussi forte impression qui a fait sortir de leur tranquillité les premiers disciples pour les porter aux extrémités du monde connu ?

Les Évangiles qui retracent plus systématiquement les paroles et les actions de Jésus ont été rédigés plus tard, pour répondre aux besoins de la deuxième génération chrétienne (vers les années 70/80) : les premiers témoins, ceux qui avaient vu Jésus, étaient en voie de disparition, il fallait donc mettre par écrit ce qu'on disait de lui pour garantir la solidité des enseignements reçus[2].

Aujourd'hui, comme hier, le texte de la Bible n'est pas premier : il n'est pas un recueil de consignes valables en toutes circonstances, une sorte de « code de la route » à l'usage des chrétiens. La Bible nous aide à déchiffrer les signes que Dieu nous fait chaque jour à travers les événements, les personnes rencontrées, les projets que nous faisons. Il est donc nécessaire de chercher ensemble quelle lumière elle apporte à notre vie ; la Bible ne se comprend bien que lue, approfondie, travaillée ensemble (en Église), car c'est là qu'elle est née.

Quelques précisions sur les quatre Évangiles

Notre guide pour découvrir l'aventure de Jésus sera surtout le texte des Évangiles : ils n'ont pas été composés en une fois ; ce qu'ils rapportent a d'abord été dit et répété : on savait par cœur tel ou tel épisode. Mais de plus en plus, on sentait le besoin de fixer par écrit

---

2. Ceux qui participent à la JOC comprennent facilement ce cheminement ; la JOC, elle aussi, est née d'une expérience vitale : « Un jeune travailleur vaut plus que l'or du monde ». Sur cette conviction, et non sur un texte écrit, elle s'est développée. Maintenant, après soixante ans, le Mouvement se met à interroger ceux qui ont vécu ses débuts pour écrire son histoire.

ce que disait tel ou tel missionnaire qui, comme Paul, allait de ville en ville. Ainsi se constituèrent des groupements de faits et gestes de Jésus, des recueils de paroles. Pour s'en souvenir facilement, on constituait des petits livrets sur un même thème : par exemple, des paroles sur l'argent, des récits d'actions de Jésus, des résumés pour évoquer les moments les plus importants, comme sa condamnation et sa mort...

Quand des hommes se mirent à rédiger un texte suivi, ils se sont servis de tous ces fragments déjà existants : cela explique les groupements qu'on retrouve dans les Évangiles : quand Matthieu fait prononcer par Jésus sept paraboles en une seule fois[3], il n'affirme pas que ça s'est passé ainsi, il montre simplement qu'à cet endroit il a utilisé un recueil déjà constitué.

Ces remarques font nettement apparaître que les Évangiles ne sont pas et ne veulent pas être une « histoire de Jésus ». Même s'ils paraissent présenter les faits et les paroles dans un certain déroulement, ils ne prétendent pas reconstituer au jour le jour les démarches de Jésus ; c'est une perspective tout à fait étrangère aux auteurs et aussi à la conception de l'histoire qu'on avait à cette époque-là.

---

3. Mt 13, 1-53. Dans ce livre on retrouvera souvent des renvois à des textes de la Bible. La Bible est divisée en de nombreux livres. On les note en abrégé (Matthieu : Mt — Marc : Mc — Luc : Lc — Jean : Jn — Actes des Apôtres : Ac). Ensuite, chaque livre est divisé en chapitres, chaque chapitre en versets, le premier chiffre est celui du chapitre, les suivants ceux des versets. Ainsi, si on cherche le passage indiqué ici, il s'agit de Matthieu au chapitre 13, du verset 1 au verset 53.

C'est pourquoi Marc, Matthieu et Luc ont glissé leurs matériaux dans un cadre rigide : pour faire une présentation simple de l'aventure de Jésus, les premiers prédicateurs l'avaient résumée en quatre étapes :

— d'abord Jésus aux côtés de Jean, un « prophète » de cette époque ;

— puis en Galilée, les premières étapes ;

— une longue montée à Jérusalem, la capitale ;

— enfin, les derniers jours.

Quand ils reprennent ce cadre pour leur Évangile, ils n'affirment pas que l'aventure de Jésus s'est déroulée strictement de cette manière, mais ils proposent plutôt une certaine lecture, qui fasse comprendre ce qui s'est passé en profondeur.

L'Évangile de Jean, écrit à la génération suivante, ne reprend pas ce cadre de présentation : il apporte une lumière nouvelle sur Jésus. Il cherche à faire découvrir au lecteur, à travers quelques événements seulement, qui est Jésus, ce qu'il veut, ce qu'il propose.

C'est le témoignage de quelqu'un qui a essayé de rendre compte de sa rencontre avec Jésus et de l'expérience formidable qui a changé sa vie : il veut communiquer cette découverte, il le dit lui-même : « Jésus a accompli en présence de ses disciples bien d'autres signes qui ne sont pas rapportés dans ce livre. Ceux-là ont été écrits pour que vous croyiez que Jésus est le Christ, le Fils de Dieu et qu'en croyant vous ayez la Vie en son nom[4]. »

---

4. Jn 20, 30-31.

Ainsi, la formation des Évangiles nous montre bien qu'il est illusoire de vouloir écrire une « vie de Jésus » ; en effet, nous n'avons pas les matériaux nécessaires pour le faire. Les témoignages (en particulier les Évangiles) permettent seulement d'évoquer l'itinéraire de Jésus et de découvrir qui il a été, et comment il s'est fait reconnaître. C'est d'ailleurs plus important qu'une sorte de reportage, car il s'agit d'entrer en contact de l'intérieur avec une personne, comme l'ont fait ses amis.

Nous allons donc apprendre des témoins « ce qui est arrivé au pays des juifs, en commençant par la Galilée, à la suite du baptême proclamé par Jean ; comment Dieu a consacré par l'Esprit saint et a rempli de force Jésus de Nazareth qui est passé en faisant le bien et en guérissant tous ceux qui étaient esclaves de l'esprit-du-mal, car Dieu était avec lui[5]. »

Voilà comment Pierre, un de ses amis, parlait de Jésus. Mais avant d'emprunter le chemin qu'a pris Jésus, n'est-il pas nécessaire de connaître le contexte social, politique, religieux et le milieu où s'est vécue toute cette aventure ?

---

5. Ac 10, 37-38.

CHAPITRE PREMIER

LE CONTEXTE DE L'ÉPOQUE

1. ASPECT ÉCONOMIQUE

Le pays des juifs est un petit territoire (grand comme la Bretagne). Le désert l'entoure de toutes parts et le pénètre dès qu'il manque de l'eau. Trois régions s'y distinguent : la Galilée du Nord, plus arrosée et donc plus fertile, produit surtout des céréales : la Judée au sud, aride et montagneuse, est couverte de vignes et d'oliviers ; au centre, la Samarie offre une transition avec ses paysages de collines aux cultures variées. Partout où cela est possible on développe l'élevage, des moutons surtout ; sur les rives des lacs et au bord de mer, on pratique la pêche.

Toute une partie de la population se regroupe en petits villages où l'on vit de ses produits : on fabrique ses propres outils rudimentaires ; on construit soi-même les bâtiments dont on a besoin. Cependant, dans les villes moyennes se développent commerce et artisanat ; cela amène une certaine spécialisation : on vit de son métier, l'argent sert pour l'échange de ses produits.

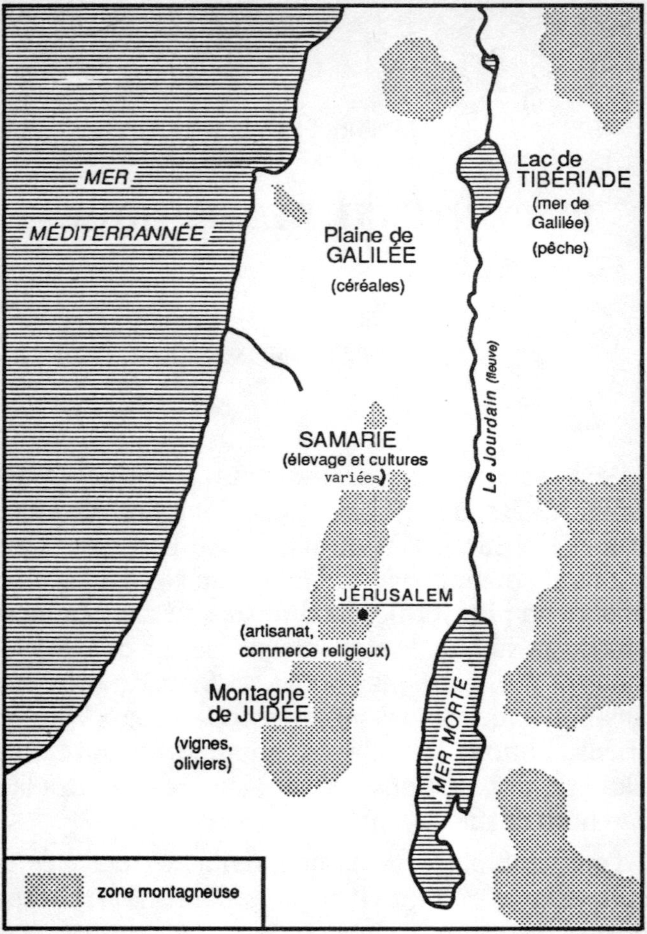

Carte économique du pays.

Cette situation est bien plus développée à Jérusalem, au sud, la seule ville importante ; elle compte environ 50 000 habitants : commerçants, artisans, ouvriers d'État cohabitent avec toute une classe dirigeante composée de grands propriétaires terriens et des familles des « grands prêtres ». A Jérusalem, toute l'activité est centrée sur le « Temple », lieu de la rencontre du peuple juif avec Dieu. Économiquement, l'importance du Temple a entraîné tout un commerce d'objets de piété (on pense à Lourdes !), tout un trafic d'achats et de ventes de bêtes pour les sacrifices (pour la fête de Pâque, on tue 18 000 agneaux), toute une organisation de change de monnaie (on ne peut acheter au Temple qu'avec une monnaie spéciale).

Si les richesses du pays viennent à la fois des produits de la terre et de tout un commerce religieux, elles sont accaparées par une caste de notables qui en tirent de gros profits. Les propriétaires prélèvent des sommes énormes sur leurs fermiers et cumulent les terres[1]. Les dignitaires religieux exigent la « dîme » : tout juif majeur doit payer cet impôt qui représente, en principe, 10 % de ses revenus. En plus, ils recueillent les bénéfices, dons en nature, etc., qu'apportent les pèlerins à Jérusalem. Les uns et les autres représentent la classe dominante ; en dehors d'eux, il n'y a rien d'organisé au plan social.

Parmi les travailleurs, il y a d'abord ceux qui exercent un métier : potier, pêcheur, travailleurs du bois, du fer et du bâtiment, berger, etc. Souvent le métier

1. Mt 18, 25-35.

s'exerce en famille : le père apprend ce qu'il sait faire à son fils : Jésus est de ce milieu-là. A titre d'exemple, pendant cette période, la reconstruction du temple de Jérusalem fut une grande œuvre nationale : 18 000 travailleurs y furent employés et ils étaient assez bien payés. Commencée en l'an moins 19, elle continuait encore quand Jésus se met à parler.

D'autres travailleurs (aujourd'hui on dirait des O.S.) se louent pour un travail ; ils n'ont pas de qualification. Le plus souvent, ce sont des saisonniers, embauchés à la journée (ouvriers agricoles, moissonneurs, vendangeurs, etc.). Il était catastrophique pour eux de rester sans être embauchés, car ils vivaient au jour le jour[2].

Plus exploités encore, les esclaves, hommes et femmes, qui ont perdu leur liberté, ou pour être nés esclaves, ou par endettement progressif. Leur maître dispose d'eux comme il l'entend ; ce sont soit des esclaves domestiques, attachés au service des grandes familles (cuisiniers, parfumeurs, professeurs, etc.) soit des travailleurs attachés à la terre : cultivateurs réduits en esclavage.

---

2. Comme dans beaucoup de pays du tiers monde, au Moyen-Orient, aujourd'hui, c'est encore comme au temps de Jésus : sur des places, des travailleurs sont là dès 4 h ou 5 h du matin : ils attendent qu'on vienne les embaucher « à la journée » pour les travaux durs, manœuvres, terrassiers, porteurs, etc. C'est un véritable « marché d'hommes ». Là, pas besoin de « carte de travail » ; aussi y retrouve-t-on les travailleurs les plus défavorisés : les travailleurs immigrés (Syriens, Palestiniens, etc.), ceux qui n'ont pas de travail fixe, les chômeurs... Les plus costauds, les plus débrouillards sont embauchés les premiers. Les autres restent... attendent jusqu'à 9 h, 10 h... certains jusqu'à midi ou 1 h de l'après-midi espérant au moins quelques heures de travail, car pour eux une journée sans travail signifie une journée où la famille n'aura pas de quoi manger... Travailler, c'est pouvoir continuer à vivre... (lire aussi Mt 20, 1-16).

Ces situations engendrent un très grand nombre de chômeurs, qui n'ont d'autres possibilités que de mendier leur nourriture. Pire encore, la situation des handicapés, des malades (boiteux, aveugles, lépreux...), car à la pauvreté matérielle s'ajoutent des motifs religieux de rejet : on les considère comme maudits. Bien sûr, aucun secours n'est prévu pour soutenir le malade, le handicapé ou le chômeur ; tout, bien au contraire, l'écrase.

Pour compléter ce tableau de la société d'alors, il faut mentionner une caste de prêteurs d'argent, de percepteurs de taxes diverses, d'intendants (on les appelle « publicains » dans les Évangiles) : ils se sont constitués à la faveur de l'occupation romaine ; ils contribuent à accroître l'injustice entre la minorité possédante et les plus exploités ; voici comment ils procèdent : lorsqu'un particulier, une ville ou même une province doit une somme au pouvoir romain au titre de l'impôt, ou à un grand propriétaire, ces percepteurs s'en acquittent en leur nom ; ensuite, ils ont tout pouvoir pour récupérer les sommes dues sur les populations, et comme ils disposent de la force armée, ils se servent largement au passage[3].

2. ASPECT POLITIQUE

Le pays des juifs est alors occupé par les Romains depuis une cinquantaine d'années : ils l'ont divisé en plusieurs provinces. Certaines sont administrées directement par eux, comme la Judée et la Samarie : un

3. Lc 19, 1-10.

gouverneur romain y représente le pouvoir central ; à l'époque où Jésus commence à parler, il s'agit de Ponce Pilate, administrateur des années 26 à 37. Tout en laissant en place les structures juives, il dirige par personne interposée : c'est lui qui nomme le grand prêtre. D'autres provinces comme la Galilée sont aux mains de petits rois fantoches qui ne survivent qu'en appliquant scrupuleusement les consignes de Rome : ainsi Hérode qui règne en Galilée et en Pérée.

La domination romaine se traduit surtout par des contraintes financières : en plus des charges indirectes (péages, douanes, taxes innombrables), les provinces occupées payent à Rome le « tribut », somme imposée qui est récupérée sur chaque membre du peuple juif (enfants et vieillards exceptés). Fallait-il ou non payer cet impôt ? Cette question qui divisait la population sera posée à Jésus[4].

Cependant, ces diverses administrations ne représentent pas des obstacles à la libre circulation : on passe facilement d'une contrée à l'autre ; c'est le bienfait de la « paix romaine ». En fait, c'est une occupation assez souple : pour environ un million d'habitants, il n'y a guère que 3 000 soldats romains.

Par ailleurs, à l'intérieur de ce cadre, les villes disposent d'une certaine autonomie : gérées par des conseils d'anciens, elles sont le lieu d'une communauté humaine importante : on peut y exercer une certaine responsabilité. L'empire romain n'est-il pas

---

4. Mc 12, 14.

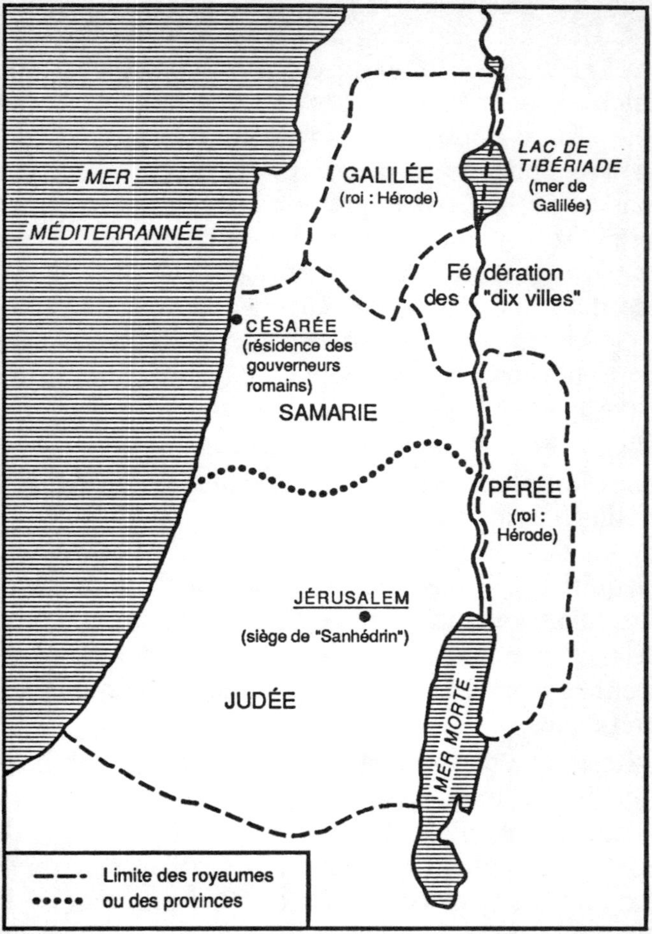

Carte politique du pays.

avant tout une grande fédération de villes soumises à Rome, la « Ville » par excellence ?

A Jérusalem, ce Conseil porte un nom particulier : le « Sanhédrin », assemblée qui est compétente non seulement pour les habitants de Jérusalem, mais pour toute affaire importante concernant des juifs ; Jésus devra répondre de ses paroles et de ses actes devant ce Conseil. Dirigée par le grand prêtre, cette assemblée compte soixante-dix membres : elle se réunit au Temple. Trois groupes la composent : des gens de l'entourage du grand prêtre, des anciens (surtout de riches propriétaires), et des « scribes » (des gens qui savaient écrire) plus proches du peuple.

Cependant, comme aujourd'hui, beaucoup de juifs habitent hors de Palestine ; ils sont dispersés dans toutes les villes de l'Empire : Alexandrie, en Égypte, est ainsi la plus grande ville juive ! Ils ont les mêmes devoirs que les autres juifs, en particulier, ils doivent s'acquitter de l'impôt envers le Temple de Jérusalem. Plus ouverts aux idées nouvelles, ils cherchent à faire partager leur foi aux non-juifs qui les entourent : ils seront souvent à la base des premières communautés chrétiennes.

Reste que dans un pays occupé, comme celui des juifs, il y a toujours plusieurs attitudes possibles : collaborateur ou résistant, sans compter la masse de ceux qui cherchent à survivre. Les collaborateurs se recrutent bien entendu chez ceux qui profitent de la situation : milieux proches du pouvoir, comme les Hérodiens, partisans et courtisans d'Hérode, ou comme les Sadducéens[5] dans l'entourage du grand

---

5. Sadduccéens : mot qui vient de Sadoq, un grand prêtre qu'ils considéraient comme leur ancêtre commun.

prêtre et de son groupe. Ils ont tout intérêt à maintenir un ordre établi qui leur procure une telle prospérité. Pour eux, le meilleur moyen de continuer à jouir de la liberté religieuse ou politique consiste à garder le silence, à rester discrets et à reconnaître le pouvoir romain.

Les résistants se recrutent dans le peuple, petits groupes sans cesse décimés par la répression et sans cesse reconstitués. A côté des coups de main, qui ressemblent à du brigandage, il y a de nombreuses révoltes, conduites par des hommes qui prétendent au titre de « messie-sauveur ». En effet, dans ces groupes, foi et politique se mêlent intimement : ils veulent à la fois libérer le pays de la domination étrangère et réformer radicalement le culte du Temple, avec ses grands prêtres qu'ils jugent corrompus. Un groupe plus organisé prendra le nom de Zélotes. Jésus eut peut-être contact avec eux, puisqu'un de ses disciples s'appelle Simon le Zélote. Leur mouvement prendra de plus en plus d'ampleur et aboutira à une révolte générale en 66. La répression romaine sera terrible ; lorsqu'en 70 les Romains reprendront Jérusalem, le Temple sera détruit pour toujours.

Parmi ceux qui cherchent à survivre, on trouve la grande masse du peuple, et parmi eux le groupe religieux des Pharisiens. Sans doute, ils verraient avec plaisir le départ des Romains, mais ils attendent la libération du peuple plus d'une intervention directe de Dieu que d'une action humaine. Il n'empêche qu'il y a à cette époque un espoir qui habite le peuple : on a le sentiment que des temps nouveaux vont arriver ; ça ne peut plus durer ainsi !

3. ASPECT RELIGIEUX

Cet espoir trouve d'ailleurs sa source dans la foi religieuse commune à tous. Elle donne au peuple juif son originalité : dans l'immense empire romain, qui s'étend tout le long de la Méditerranée, seul le peuple juif a maintenu farouchement sa foi en un Dieu unique. Pour eux, Dieu s'est fait connaître dans leur histoire : quelque 1 800 ans avant Jésus, avec Abraham, ils ont commencé à découvrir le visage du Dieu unique. Vers 1250, par Moïse leur ancêtre, Dieu a libéré le peuple d'Israël de l'esclavage subi en Égypte ; il l'a constitué en tant que nation. Avec David, qui règne vers l'an mille, il leur a donné cette terre où ils habitent. Au temps de Jésus, les juifs sortent de plusieurs siècles de persécutions et cela explique leur attachement à cette foi qui leur a tant coûté. Ils ont obtenu des Romains la possibilité de vivre selon leur croyance, non seulement dans leur pays, mais dans toutes les villes de l'Empire où ils sont dispersés.

Le « messie », la « loi » et le « temple »

Quelle est cette espérance qui reste vive dans les cœurs ? Depuis longtemps on attend un libérateur ; on lui donne le nom de « Messie » (selon un mot hébreu) ; en grec, on traduit par « Christ ». « Messie » ou « Christ » veut dire « celui qui est consacré », celui qui est mis à part pour une mission[6]. Cette mission consis-

---

6. Cette consécration s'exprimait dans un geste fait avec de l'huile répandue sur la tête. « Messie » ou « Christ » dérivent du mot « huile ».

tait à libérer le peuple et à établir le règne de Dieu, règne de justice et de paix.

Sur cette conviction commune, de nombreux groupes ont bâti leur conception du Messie et de sa mission : cependant tous puisent dans la Bible, le livre des paroles de Dieu, pour nourrir cette espérance ; ils étudient en particulier la « loi de Moïse », c'est-à-dire les cinq premiers livres de la Bible ; ils croyaient que Dieu avait dicté cette Loi à Moïse pour être la charte du peuple ; elle rappelait comment Dieu avait libéré le peuple pour en faire son peuple choisi ; elle comportait aussi des prescriptions morales, des gestes religieux à accomplir et des promesses. Tout au long de l'histoire, elle avait été précisée et complétée. Bien plus des hommes, des « prophètes », s'étaient levés surtout aux époques de détresse pour ranimer la foi du peuple et pour l'inviter à mieux répondre aux paroles de Dieu. La « Loi » et les « Prophètes » constituent les Écritures. Les gens en sont nourris, puisque toutes les semaines, lors de l'assemblée du samedi, on lit un passage de la « Loi » et un passage des « Prophètes ».

Pour ce rassemblement hebdomadaire, chaque ville a bâti un édifice ; on l'appelle « synagogue ». La plupart du temps, à la synagogue est jointe une école où les « spécialistes » de la Loi enseignent. Les enfants apprennent par cœur certains passages de la Bible, en chantant des phrases. « Loi » et « Prophètes » servent de manuel pour commencer à lire et à écrire. La Bible est à la base de toute la culture et par elle, le juif communie à l'histoire de son peuple et découvre le visage de Dieu.

Un certain nombre de prescriptions de la Loi mettent les juifs à part des autres peuples. Pour les enfants mâles, le signe d'appartenance au peuple est la circoncision : on doit la pratiquer le huitième jour après la naissance. Les incirconcis sont considérés comme impurs : on ne peut pas les fréquenter ; on n'entre pas chez eux et surtout on ne partage pas son repas avec eux, car tout repas suppose une communion profonde dans la foi. Cette idée que le repas est un acte sacré a amené à fixer des prescriptions alimentaires : certains aliments, précisés dans la loi de Moïse sont déclarés impurs. Si on a contracté une impureté, il faut s'en débarrasser par des pratiques assez compliquées.

Un des grands commandements est celui du sabbat : le samedi, jour du sabbat, est chômé ; on ne doit strictement rien faire en imitation de Dieu, qui, pensait-on, s'était reposé le septième jour après avoir créé le monde. L'homme doit suivre le même rythme. Cette observance est devenue si fondamentale que les spécialistes, les « docteurs de la Loi » ont prévu la conduite à tenir en toutes circonstances.

Le Temple de Jérusalem occupe aussi une place importante dans la foi juive : c'est le lieu de la rencontre avec Dieu. Autrefois, s'y trouvaient des tables de pierre où était gravée la Loi de Moïse. Mais après la destruction du premier temple, elles ont disparu. Des célébrations donnent l'occasion de s'y rassembler : en premier la grande fête de Pâque en avril, qui rappelle la libération du peuple juif de l'esclavage des Égyptiens au temps de Moïse ; cinquante jours après, se déroule la fête de Pentecôte : on célèbre la remise des tables de la Loi à Moïse et on offre les premiers produits de la terre. En septembre-octobre, d'abord a lieu la fête des Expiations (le Kippur), où le grand prêtre pénètre seul dans l'endroit le plus sacré, le

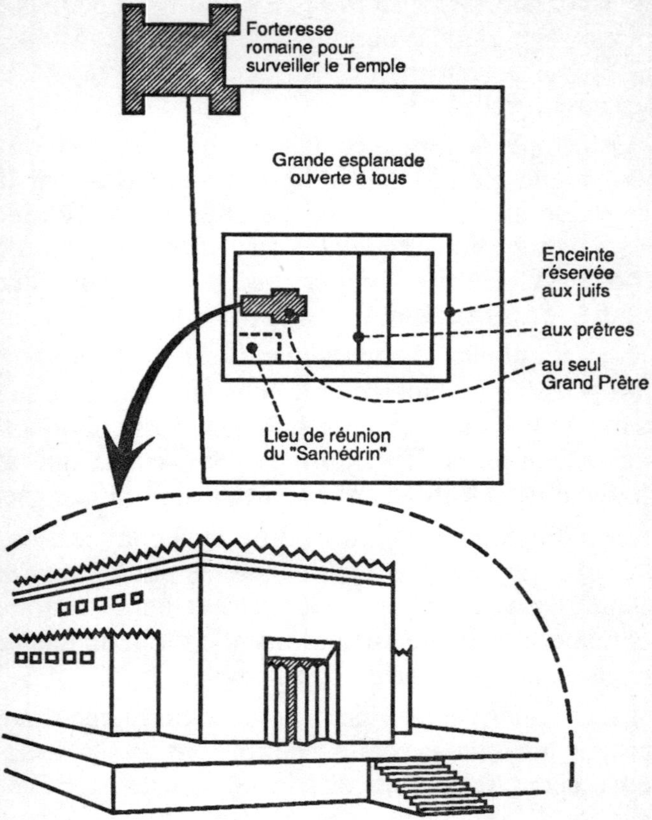

Le Temple de Jérusalem.

des Saints », pour le pardon des péchés, puis, la fête des Tentes, fête de la fin des récoltes ; on campe pendant sept jours, d'où le nom de cette fête. Monter au Temple de Jérusalem pour ces fêtes-là va de soi pour un juif religieux.

Ce Temple de Jérusalem résume en lui les pouvoirs économique, politique et religieux : accaparé par la classe dominante, nul ne peut s'attaquer au Temple sans saper profondément les structures sociales de l'époque. C'est dire l'importance des positions que prendra Jésus par rapport à lui.

Lieu du pouvoir économique, il est le plus important centre de commerce et d'échanges monétaires : ses murs renferment le Trésor des finances publiques. Il reçoit aussi les dépôts privés : « C'est là que se réfugie toute la fortune juive », dit l'historien Josèphe.

Lieu du pouvoir politique, il sert aux convocations du Sanhédrin, seule assemblée tolérée par le pouvoir romain ; il est le siège du grand prêtre et, pour contrôler la situation, les Romains ont installé en permanence une garnison dans une aile du Temple.

Lieu du pouvoir religieux enfin, c'est là que montent tous les juifs au moins une fois par an ; là seulement on peut, selon la loi de Moïse, faire les sacrifices prescrits ; là seulement, le peuple peut en toute fidélité répondre à son Dieu, vivre l'Alliance proposée.

Divers « courants » religieux

Ces bases religieuses communes, attente d'un Messie, pratique de la Loi de Moïse et célébrations des grandes fêtes au Temple laissent une grande latitude aux divers mouvements existants alors.

Déjà connus, les Sadducéens font passer avant tout le souci de l'ordre établi ; ce sont des conservateurs dans les domaines économique, politique et religieux. Ils se méfient *a priori* d'un Messie qui pourrait semer le trouble dans le peuple ; pour la doctrine, ils ne reconnaissent que la Loi de Moïse, rejetant les prophètes et la tradition transmise oralement ; ils tiennent par-dessus tout au Temple, dont ils tirent profit et autorité.

Les Pharisiens, eux, refusent toute collaboration avec l'occupant et cherchent à préciser la Loi de Moïse dans tous les détails de la vie quotidienne ; ils mettent leur point d'honneur à appliquer scrupuleusement toutes ses règles ; ils se recrutent parmi les hommes religieux et les spécialistes de la Loi. Par leur attitude stricte, par leur rôle d'enseignants, ils ont une très grande influence dans le peuple.

Zélotes ou Esséniens sont des groupes plus restreints, plus actifs, plus radicaux. Les Zélotes mettent l'accent sur la libération politique du pays, ils sont prêts à suivre le Messie ; troupes de choc, ils font souvent le coup de main. Ils se recrutent surtout chez les paysans pauvres et endettés de Galilée. Ils s'opposent au parti des grands prêtres, symbole de la corruption matérielle et de la trahison nationale. Leur révolte, en l'an 66, commencera par l'exécution du grand prêtre.

Les Esséniens et d'autres groupes voisins se sont retirés de la mêlée : ils se veulent purs et refusent toute participation à un peuple qui a trahi dans son ensemble. Groupés en petites communautés dans le désert de Judée, ils rejettent le culte corrompu qui se pratique au Temple de Jérusalem. Ils sont persuadés que Dieu va

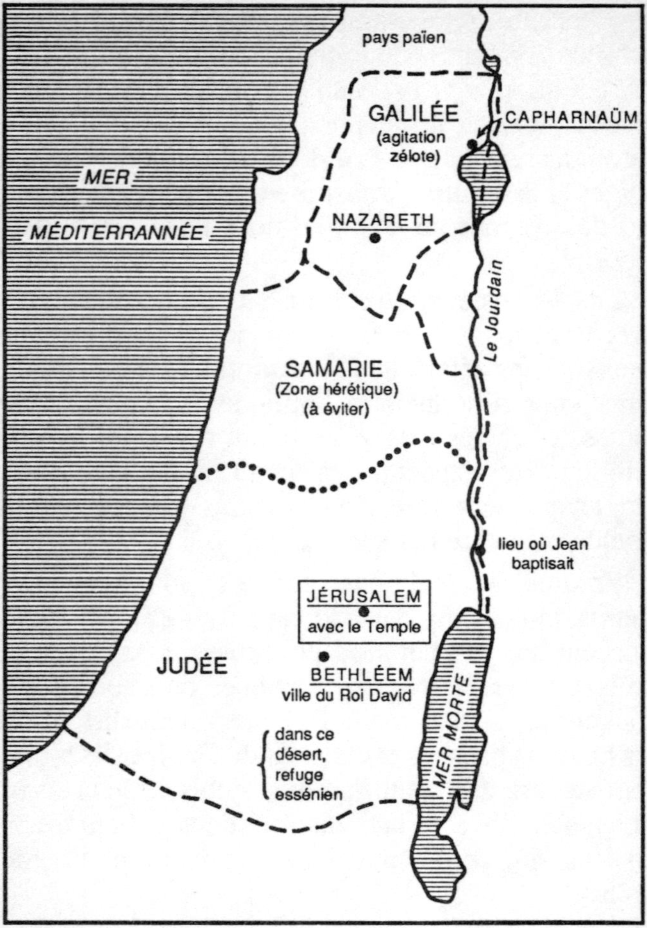

Carte religieuse du pays.

venir tout purifier par le feu dans un grand cataclysme : seuls seront sauvés ceux qui ont opté pour la secte.

Tous ces mouvements, au-delà de leurs divergences, sont bâtis autour d'une vision élitiste de la fidélité à Dieu ; ils cherchent tous d'une manière ou d'une autre à se protéger de ceux qu'on considère comme impurs et méprisables. Pour être proche de Dieu, il faut fuir le contact d'un peuple supposé maudit et exclu des promesses.

Par réactions, d'autres mouvements plus proches du peuple surgissent ça et là. On les appelle « mouvements baptistes », car la plupart propose comme signe d'appartenance un geste de purification, un baptême, c'est-à-dire un bain d'eau. Par ce rite, le baptiseur proclame le pardon de Dieu, un pardon qui remplace les sacrifices coûteux et compliqués du Temple. Ce geste, accessible à tous, met à la disposition des petites gens le salut de Dieu. Le baptiseur agit dans une perspective d'urgence : Dieu vient juger le monde ; il est grand temps de se préparer à l'accueillir.

De tels mouvements rencontraient un grand écho dans le peuple méprisé par les autorités officielles. Les petites gens étaient incapables d'appliquer la Loi de Moïse dans le détail de ses prescriptions. Ils étaient donc considérés avec dédain ; on en parle comme d'une « racaille qui ne connaît pas la Loi, des maudits » qu'on doit éviter. Ce rejet tient aussi au métier qu'ils exercent : bergers, bouchers, tanneurs, tisserands, médecins, collecteurs d'impôts, et bien d'autres sont déclarés impurs, soit parce qu'ils touchent au sang ou à des chairs mortes, soit parce qu'ils sont soupçonnés d'être voleurs, soit encore parce qu'ils sont en relation avec des païens. Ces métiers les privent aussi de droits civiques, ils ne peuvent pas témoigner lors d'un procès et ils sont exclus du Temple.

A cause de vieilles querelles religieuses et raciales, les habitants de la province centrale de Samarie sont rejetés par les juifs, bien qu'ils partagent la même foi en un Dieu unique et l'attente d'un Messie ; ils ont leur propre lieu sacré chez eux en Samarie. Entre juifs et samaritains, c'est le mépris et la haine : on ne se parle pas, on évite même de se rencontrer ; quand un Galiléen monte au Temple de Jérusalem, il n'hésite pas à faire un détour pour éviter ce territoire souillé.

On est donc en présence d'une société extrêmement cloisonnée ; aux barrières sociales, s'ajoutent des motifs religieux. Les innombrables règles de pureté surajoutées à la Loi de Moïse justifient ces séparations par des raisons religieuses. Dans cette société, le peuple est pratiquement exclu des promesses de Dieu. Les élites sociales ou culturelles se sont réservé l'accès à Dieu, et en multipliant sans cesse les prescriptions, empêchent tout autre d'y parvenir. Dans cette perspective, la prière du pharisien, dans l'Évangile de Luc, donne bien le ton : « Je te rends grâce, Seigneur, de ce que je ne suis pas comme le reste des hommes, qui sont rapaces, injustes, impurs ou encore comme ce collecteur d'impôts. Moi, je jeûne deux fois par semaine, je donne le dixième de tout ce que je possède[7]. »

Ces rivalités, ces oppositions, ces divers courants maintiennent le peuple en effervescence[8] : vraiment

---

7. Lc 18, 11-12.
8. Ce contexte social, politique et religieux nous est connu grâce à plusieurs documents : les écrits de l'historien juif Josèphe, ceux de Philon, autre auteur juif de cette époque, des documents retrouvés dans des grottes en Palestine, les Évangiles eux-mêmes et enfin les archives romaines.

tout montre que la situation ne peut plus durer ; comment vivre et espérer dans ce monde cloisonné et étouffant ? De nombreuses révoltes ont lieu ça et là. Oui, vraiment dans le peuple, on attend quelqu'un, on espère un sauveur, on désire un monde nouveau.

4. LE « MILIEU » DE JÉSUS

Il était nécessaire d'évoquer l'ensemble du contexte de l'époque pour comprendre ce qui va se dérouler. Maintenant, regardons l'enracinement de Jésus : de quel milieu est-il issu, lui qu'on appellera « Jésus de Nazareth » ?

Nazareth, une petite ville accrochée à une colline, située en bordure d'une plaine fertile ; en Galilée, c'est-à-dire dans cette province du Nord du pays, méprisée par les gens de Jérusalem, parce que la race y est moins pure, parce qu'on y côtoie beaucoup plus d'incirconcis et parce qu'on y parle l'araméen (la langue d'alors) avec un accent. Parce que l'éloignement rendait plus difficile aux Galiléens leur participation aux fêtes du Temple, les Judéens les considéraient comme des Juifs de seconde zone. « Observe les Écritures, dira-t-on de Jésus, et tu verras que de Galilée, il ne se lève pas de prophète[9]. »

Par ailleurs, le milieu galiléen est facilement subversif ; il offre un terrain favorable aux résistants ; de nombreuses révoltes prendront naissance dans cette province. A quelques kilomètres de Nazareth,

---

9. Jn 7, 52.

Sepphoris, la grande ville de Galilée, avait été le théâtre d'une insurrection armée, lorsque Jésus était enfant. Le pouvoir politique et en particulier les Romains se méfiaient donc des agitateurs galiléens et de ce peuple facilement en effervescence.

Jésus est charpentier, fils de charpentier ; ainsi il fait partie de ces travailleurs qui ont appris un métier dans la famille et qui savent l'exercer. Le métier de charpentier s'appliquait alors à l'ensemble des travaux de la construction : on imagine mal Jésus travaillant seul ; dans le bâtiment on travaille en équipe ; cette nécessité du travail en commun a nourri son expérience d'homme. De même, il était amené à fréquenter tous ceux qui, comme lui, vivaient tout juste de leur métier : fabricants de lampes à huile, tisserands, travailleurs du cuir, petits paysans... etc. C'est dans ce peuple de travailleurs que Jésus a grandi : par son travail, par ses relations, par les découvertes faites avec d'autres, il est devenu un homme aux mains habiles, sachant calculer les dimensions et le prix d'un ouvrage[10], joyeux d'aborder d'autres hommes[11], apte à penser, à réfléchir, à faire des projets.

Sa formation n'est pas intellectuelle[12] et il gardera cette façon concrète de saisir les problèmes. Plus tard, il évoquera toutes ces réalités quotidiennes : l'atelier où on risque toujours d'attraper une escarbille dans

---

10. Lc 14, 28 (les nombreuses références qu'on va trouver maintenant sont une invitation à une recherche à plusieurs. Prendre le temps de mettre derrière ces phrases des textes précis, riches de vie, pour découvrir le visage de Jésus).
11. Jn 2, 1.
12. Jn 7, 15.

l'œil[13], la tour qu'il faut construire à l'aide de sérieux calculs[14], les fondations à faire solidement[15] ; la grange qu'on agrandit pour y loger plus de grain[16] et aussi tout ce qu'il voit et partage autour de lui : le travail des semailles[17], la moisson[18], la vendange[19], le filet pour la pêche[20], la paye du soir sur la place[21], etc.

Cette vie de Nazareth lui a donné des traits précis : toujours, il restera un charpentier de village. Là aussi, il apprend la Loi de Moïse et ses pratiques ; il découvre les espérances qu'elle porte ; il communie à l'attente d'un Messie. Avec tous, il monte à Jérusalem et le Temple lui apparaît à la fois magnifique (quelle construction ! il est du métier), mais aussi quel trafic d'argent autour de l'autel[22].

Homme du peuple, Jésus connaît la condition misérable de beaucoup, écrasés par les taxes, les dettes et la domination romaine[23] ; sur les routes, il croise les malades, les handicapés, obligés de mendier pour survivre et méprisés de tous[24]. Souvent dans ses paraboles, il évoquera la situation intolérable faite à tous ces gens.

S'il ne s'engage pas politiquement, il fait cependant partie de ces groupes fervents où l'on entretient l'espérance du peuple ; on y médite longuement les promesses ; en particulier on approfondit des passages du prophète Isaïe[25] ; on cherche à découvrir le visage du

13. Lc 6, 41.
14. Lc 14, 28.
15. Lc 6, 48.
16. Lc 12, 18.
17. Lc 8, 5.
18. Jn 4, 35.
19. Mt 21, 34.
20. Mt 13, 47
21. Mt 20, 8.
22. Mc 13, 1...
23. Lc 16, 19.
24. Mt 12, 9-14.
25. Mt 12, 18...

Messie, cet envoyé de Dieu qui doit venir ; on y est attentif aux courants de renouveau qui se manifestent ici ou là.

A travers sa famille, son village et les problèmes de son peuple, l'homme Jésus est façonné par la communauté juive : elle lui donne sa façon d'être, sa manière de parler, son espérance. Près de lui, Marie, sa mère, a été porteuse de toute cette attente collective : elle a guidé ses premiers pas qui lui ont donné son allure d'homme ; elle l'a aidé à prononcer ses premiers mots qui l'ont ouvert au partage avec les autres ; elle a chanté pour lui des poèmes de la Bible qui ont fait grandir son espérance d'un monde nouveau, d'un Royaume de justice et de paix[26]. Elle lui a appris à traduire concrètement les découvertes qu'il faisait, à mettre en œuvre les appels qu'il ressentait en lui. Elle lui a donné d'être l'homme qu'il devient[27].

Dans tout cela, rien d'un surhomme, d'un être d'exception, rien d'un spécialiste, mais plutôt un homme du peuple, heureux d'en partager la vie. Rien ne le distingue, c'est si vrai que les gens de son village seront étonnés, déconcertés par ce qui va arriver[28].

---

26. Voici un des chants que Marie a dû reprendre (un chant à l'accent galiléen !) :
« Ma vie chante-le au Seigneur et mon esprit se réjouit en Dieu mon Sauveur, parce qu'il a regardé sa petite servante : désormais toutes les générations me diront bienheureuse. Oui, le Tout-Puissant a fait pour moi des merveilles : saint est son nom. Son amour s'étend d'âge en âge sur ceux qui l'honorent. Il déploie sa puissance, Il disperse les orgueilleux, Il renverse les puissants de leur trône, Il relève les petits, Il comble de biens les affamés et Il renvoie les riches les mains vides. Il vient au secours de son peuple Israël ; Il se souvient de son amour, et de la promesse faite à nos pères depuis Abraham et pour toujours » (Lc 1, 46-55).
27. Lc 2, 51-52.
28. Mc 6, 3.

CHAPITRE II

CE JÉSUS AVEC QUI ILS ONT MANGÉ ET BU...

1. ADHÉRENT DU MOUVEMENT DE JEAN[1]...

JEAN LE BAPTISTE

Les Évangiles situent Jésus, dès le début, au cœur d'un mouvement baptiste de renouveau : celui de Jean.

Jean est un marginal ; il s'est installé près du fleuve qui borde l'est du pays, le Jourdain ; il y a là un gué et beaucoup de personnes passent par cette route. Jean a pris la tenue et la façon de vivre des prophètes d'autrefois, telles qu'on les imaginait : tenue rudimentaire, nourriture sauvage. Il crie en annonçant la venue toute proche de Dieu : chacun va être jugé sur sa conduite et on n'hésitera pas à trancher, à couper, à tout purifier par le feu ; ça ne peut plus durer. Tout le monde en prend pour son grade et Jean ne recule pas au besoin devant les paroles dures : « Engeance de vipères ! »

---

1. Mc 1, 1-13 ; Lc 3, 1-4 ; Mt 3, 1-4, 11 ; Jn 1, 19-51.
Avant d'aborder chaque étape de l'aventure de Jésus, il sera utile de lire ou de relire les textes d'évangile auxquels on fait allusion. Si on dispose de peu de temps, aller lire Marc, c'est celui qui condense le plus les épisodes rapportés.

Son but : amener les gens à changer de vie ; c'est urgent, car l'envoyé de Dieu arrive.

A tous, Jean propose une nouvelle façon de vivre : ceux qui l'interrogent reçoivent une réponse claire et nette : loyauté dans leur tâche, entraide vis-à-vis des autres, et pas de demi-mesures ! Pour adhérer à son mouvement, en décidant de changer de vie, Jean invite à faire un geste public : c'est pour cela qu'il s'est installé près du fleuve. Il faut quitter ses vêtements, comme on quitte son ancienne façon de vivre, puis se plonger dans le courant du fleuve, comme on décide d'entrer dans ce courant de renouveau, enfin en ressortir propre, neuf, libéré, comme on est prêt à mener une autre existence. Ce geste, on l'appelle « baptême », d'un mot grec qui signifie « bain, plongeon ». A cause de cela, on donne à Jean le surnom de baptiseur ou baptiste.

En accueillant sans exclusive tous ceux qui viennent, Jean s'adresse aux petites gens du peuple ; il insiste plus sur la conversion du cœur que sur les sacrifices prescrits par la Loi de Moïse. Le baptême « pour le pardon des péchés[2] » représente en réalité une contestation de la religion officielle. Suivant celle-ci, seul le rite pratiqué dans le Temple une fois par an, au jour du Kippour (v. pp. 32-33), peut pardonner les péchés. En fait, cette pratique ne bénéficiait qu'aux élites. En offrant à tous ce geste purificateur, Jean rendait caduc ou secondaire le rôle du Temple et tout le pouvoir qui s'y attachait. Il est significatif que Jésus ait voulu rallier ce mouvement ; on ne le verra jamais offrir de sacrifices dans le Temple.

---

2. Mc 1, 4.

BAPTISÉ PAR JEAN[3]

Parmi toutes les personnes qui se pressent pour voir Jean, un bon nombre viennent de Galilée : le quatrième Évangile cite Simon, André, Philippe, Nathanaël ; ils ont été conquis par Jean le Baptiste et ils l'entourent à titre de disciples. Parmi eux, Jésus se présente, lui aussi, pour être baptisé ; sa démarche est celle de tout un peuple ; il se reconnaît dans ce mouvement et participe à cette attente : il montre son accord avec Jean qui crie qu'il faut changer son cœur ; il montre son accord avec tout ce peuple décidé à préparer le chemin du Seigneur.

Les Évangiles nous racontent le baptême de Jésus d'une manière grandiose : ils nous disent que ce fut le lieu d'une prise de conscience de la mission de Jésus. Prise de conscience pour qui ? pour Jésus ? pour Jean ? pour les personnes qui les entouraient ? (Mais pourquoi pas une prise de conscience collective ?) Pour Jésus, cet événement marque le début d'une existence nouvelle. Cet homme ignoré, tout ordinaire, se révèle : désormais, sa vie sera entièrement donnée à la mission découverte, reconnue, assumée : le baptême le fait apparaître comme celui qu'on attendait, celui que Dieu envoie. Cette prise de conscience se fait dans l'approfondissement des Écritures, spécialement du prophète Isaïe (ch. 40 à 54). Jean se reconnaissait dans « la voix qui crie dans le désert[4] ». Jésus s'entend dire : « Tu es mon serviteur que j'ai choisi[5]. » Cette méditation de

3. Mc 1, 9-12.
4. Is 40, 3
5. Is 49, 3.

l'Écriture est pour Jésus une parole que Dieu lui adresse et qui lui permet de mieux saisir sa mission. Heureux de correspondre de tout son être à l'Esprit de Dieu, il va engager un combat contre toute forme de mal.

LES TENTATIONS

Pour bien mettre en relief l'importance de cette méditation dans l'approfondissement de sa mission, Matthieu et Luc montrent Jésus prendre un long temps de réflexion juste après ce baptême[6]. Les évangélistes suggèrent ainsi qu'il est un nouveau Moïse, constituant au désert le nouveau peuple de Dieu. Quarante jours de « retraite » pour regarder comment répondre à l'appel de Dieu. Jésus se demande quels moyens adopter, quels chemins emprunter pour révéler aux yeux de tous la présence aimante de Dieu et le renouveau total, nécessaire au bonheur de l'humanité. Dans ce monde troublé, divisé politiquement, socialement et religieusement, que choisir ? Mais s'il est seul, Jésus ne mène pas une réflexion individuelle, il dialogue avec Dieu et avec le peuple dont il se sent porteur. Ses tentations, ce sont aussi les tentations du peuple juif, plus prêt à démissionner qu'à assumer la mission que Dieu lui a confiée : faire connaître son vrai visage à toutes les nations.

Ainsi les choix de Jésus veulent ouvrir la voie à un peuple nouveau. Fallait-il, à la manière des Sadducéens et des Hérodiens, soucieux de prospérité matérielle, donner de Dieu l'idée d'un être qui répond au

6. Mt 4, 1-11.

désir des hommes, qui est là uniquement pour les combler ? N'est-ce pas rabaisser Dieu, de ne voir en lui qu'un distributeur de bienfaits ? N'est-ce pas mépriser l'homme, de n'en faire qu'un simple consommateur, individuellement satisfait ? « L'homme ne vit pas seulement de pain, mais de toute parole qui sort de la bouche de Dieu[7]. » Ainsi Dieu veut entrer en dialogue avec chaque homme et avec tout le peuple, pour inventer ensemble, les uns avec les autres, un monde neuf et faire jaillir une vie qui se renouvelle en permanence.

Fallait-il, à la manière des Pharisiens et « spécialistes de la Loi » organiser un « sauve-qui-peut » individuel, un « chacun pour soi », faits d'observances très précises et mettre ainsi Dieu en demeure d'accorder une récompense, lui forcer la main, le mettre à l'épreuve, le « tenter », le prendre au mot ? « Jette-toi en bas, car il est écrit, les anges te porteront sur leurs mains[8]... » Dieu était-il un magicien, un faiseur de prodiges ? Pouvait-on penser ainsi les relations entre Dieu et les hommes ? Ne fallait-il pas plutôt faire place à des rapports de confiance mutuelle ? Dieu n'avait-il pas envie de voir naître un peuple debout et responsable, heureux de lui donner sa foi ?

Fallait-il, à la manière des Zélotes et de tous les groupes politico-religieux, utiliser la violence, la haine, la soif de vengeance, pour secouer le joug de Rome et établir un nouveau pouvoir qui serait, par Jésus interposé, le pouvoir de Dieu ? Mais comment

---

7. Mt 4, 4.
8. Mt 4, 6.

établir le règne du Dieu de tendresse à coups de guerre sainte ? Comment rendre un culte à la haine et vouloir déboucher sur l'amour ? « C'est le Seigneur que tu adoreras, et lui seul[9]. » N'y-a-t-il pas le risque de s'enchaîner à une violence sans fin, alors que Dieu est appel à se libérer les uns par les autres de toute domination pour vivre librement dans l'amour.

Être témoin d'un Dieu qui est appel à la création collective et permanente, à la responsabilité du plus grand nombre, à la libération de tous pour former un peuple qui soit créateur, responsable et libre, voilà les choix que Jésus réalise pendant cette retraite : il se détermine à la fois à la lumière des courants de son époque et à l'écoute de Dieu dans les Écritures ; toute sa vie s'inscrira dans ces choix fondamentaux, même s'il sera amené à les traduire différemment selon les circonstances.

Ce récit, placé au début des Évangiles, nous est présenté comme un combat ; cela donne le ton à toute l'aventure de Jésus : sa vie va être un combat. Jésus est conscient que dans le monde où il est, il y a une lutte à mener ; ces « tentations » se retrouvent tout au long de son existence. Dieu ne peut ni accepter le monde tel qu'il est, ni se contenter de fausses solutions. Jésus, son témoin, est venu pour une remise en question radicale : cette lutte sera sans merci.

Ces épisodes du baptême et des tentations font apparaître Jésus comme membre de tout un peuple qui attendait un Messie, ayant précisé cette attente en ralliant le « mouvement de Jean », découvrant sa mis-

9. Mt 4, 10.

sion d'envoyé de Dieu, tenté par tous les courants de son époque. Mais c'est aussi quelqu'un qui reçoit sa mission d'ailleurs, soucieux de chercher dans l'approfondissement des Écritures ce que Dieu veut de lui, déterminé à être son témoin véritable en ce monde ; cet appel, il le ressent au plus profond de lui-même : l'esprit de Dieu, qu'il appelle son « Père » imprègne ses choix, ses démarches, toute son existence[10].

2. EN GALILÉE : LA BONNE NOUVELLE DU ROYAUME[11]

Jésus passe d'abord quelque temps dans le voisinage de Jean, proposant comme lui le baptême à ceux qui viennent : là se nouent des relations, des amitiés et, sur l'invitation même de Jean, un certain nombre de ses disciples rejoignent Jésus. Bientôt, à la suite de paroles imprudentes contre le roi Hérode, Jean sera arrêté et plus tard décapité dans sa prison. Cet événement est présenté comme le départ d'une étape nouvelle pour Jésus : la préparation est terminée. Désormais il quitte les bords du Jourdain et l'activité de baptiseur. Il regagne la Galilée et avec les quelques disciples qui déjà l'accompagnent, il va inventer sa propre manière de faire.

LE ROYAUME DE DIEU

Selon Marc, Matthieu et Luc, Jésus ne quitte pratiquement plus la Galilée ; il parcourt villes et villages

10. Jn 5, 19-20.
11. Pour suivre cette partie, on peut lire : Mc 1, 16-6, 13 ; Lc 4, 14-9, 6 ; Mt 4, 12-13, 58.

en tous sens. A la lecture du quatrième Évangile, on le voit se rendre plusieurs fois à Jérusalem. Ce qui importe, c'est le sens que Jésus donne alors à sa mission : les Évangiles en témoignent clairement. Voici ce qu'en dit Marc : « Après l'arrestation de Jean-Baptiste, Jésus se rend en Galilée, proclamant la Bonne Nouvelle de Dieu et disant : "Les temps sont arrivés, le Royaume de Dieu est là ; changez vos cœurs et adhérez à la Bonne Nouvelle"[12]. »

Jésus reprend ce terme de « Royaume » de Dieu d'abord parce qu'il correspond à ce que le peuple attend avec fièvre : comment se faire comprendre sans employer les mots porteurs d'espérance ? Un royaume, cela évoquait tellement la grandeur passée, mais aussi le règne de justice et de paix, tel que les prophètes l'avaient annoncé ! Jésus affirme qu'il réalise la promesse faite par Dieu à son peuple : quelle résonance devait avoir cette Bonne Nouvelle !...

Annoncer un royaume pour ne pas appeler seulement à un changement personnel, mais à un renouvellement total des hommes et de la société qu'ils façonnent : l'ordre social devait être transformé de fond en comble pour faire place à « l'univers nouveau de Dieu[13] ». Tout homme est invité à prendre part avec tous à cette transformation.

Mais il s'agit du Royaume « de *Dieu* » : Dieu lui-même s'insère dans ce monde pour le rendre neuf ; sa présence, sa vie, son amour sont les dynamismes qui vont renouveler toutes choses, si les hommes acceptent d'en vivre. Entrer dans le « mouvement » du

---

12. Mc 1, 14-15.
13. C'est ainsi que la JOC, dans son rapport d'orientation de 1974, traduit « Royaume de Dieu ».

Royaume de Dieu, ce n'est pas rêver à un autre monde ailleurs, que chacun rejoindrait individuellement après sa mort, c'est au contraire accueillir dès maintenant cette annonce formidable : Dieu est là, avec sa puissance d'amour pour rénover totalement notre monde : il est le levain qui va faire lever toute la pâte, il est la source d'un épanouissement infini, la certitude d'un bonheur toujours renouvelé pour tous les hommes.

Si le Royaume est là, si Dieu vient régner, c'est-à-dire établir une nouvelle façon de vivre les rapports humains, alors tout change : l'argent qui trop souvent divise, sépare et oppose devient source de partage et d'échange ; l'exercice du pouvoir se mesure à la qualité du service rendu au plus petit ; l'amour n'est plus régi par la loi du « donnant-donnant », mais il est donné sans exclusive, à fonds perdus, car Dieu aime ainsi. C'en est fini de la société cloisonnée et étouffante ! Les vieux textes des prophètes deviennent enfin réalité : « Qu'ils sont beaux sur les montagnes les pieds de celui qui apporte la bonne nouvelle, qui proclame la paix, annonce le bonheur, apporte le salut, qui dit au peuple : "Ton Dieu règne"[14]. »

Voilà la Bonne Nouvelle du Royaume, et Jésus, dans sa parole et dans ses actions, en donne une traduction concrète : débordant de ce message, Jésus parle partout, dans les synagogues, en plein air, au bord du lac.

Certes, cet appel ressemble à celui de Jean : une ère nouvelle vient de s'ouvrir ; d'une manière urgente, chacun doit y correspondre en changeant sa manière

---

14. Is 52, 7.

de vivre et en accueillant le Royaume de Dieu. Pour cela, Jean proposait le rite du baptême. Jésus, lui, n'a pas continué à baptiser, mais il montre par sa façon d'agir que le Royaume est là dès maintenant. L'aspect nouveau est cette proximité du Royaume de Dieu ; le vieux monde craque et laisse déjà poindre le nouveau. Par les guérisons, par les signes qu'il pose, Jésus fait voir qu'une nouvelle création se réalise ; par ses fréquentations, par son activité débordante, Jésus ouvre des temps nouveaux ; à travers lui, Dieu s'approche de tous ; l'accès à Dieu n'est plus le privilège de quelques purs !

C'est donc l'heure de la décision pour chacun ; cette urgence est partout soulignée : il faut se rendre libre pour accueillir le renouveau ; rien ne doit retenir celui qui a entendu l'appel : richesse, situation, affections, péchés, mépris, plus rien ne compte ; tous peuvent repartir à zéro par rapport à leur passé ; on est sûr que la force de Dieu est offerte à chacun : tout peut donc vraiment changer !

En déclarant ouvert le temps du Règne de Dieu, d'emblée Jésus pose un acte public. Prise au sérieux cette annonce bouleverse l'équilibre social, politique et religieux du pays. Au départ, il s'agit d'une remise en cause totale ; personne ne peut échapper à ses conséquences. Si les vieilles promesses sont accomplies, si le temps des préparations et du provisoire est terminé, alors bien des situations et bon nombre de pratiques vont se révéler dépassées. Tout risque d'être chamboulé de fond en comble.

L'ANNÉE « SAINTE »

Si Marc résume ce bouleversement dans une simple et courte annonce de départ, Luc suggère que Jésus s'est servi d'un événement religieux pour faire retentir cet appel public[15]. C'était un jour de sabbat à la synagogue de Nazareth. Jésus proposa de comprendre d'une nouvelle façon un texte du prophète Isaïe : ne pas en rester à un rêve du passé, mais le mettre en pratique aujourd'hui. Ainsi il fit le rapport entre une année « sainte » qui devait se célébrer à cette époque et la parole du prophète qui annonçait une année de « faveur » du Seigneur, une année de renouveau.

Célébrer une année sainte faisait partie de la loi de Moïse[16] et cela comportait des règles précises : il fallait libérer les esclaves, remettre les dettes, permettre à chacun de retrouver son capital de départ lié à une portion de terre. Il y avait cette idée que, tous les cinquante ans, on offrait à chacun la possibilité de repartir sur des bases nouvelles ; on montrait aussi que les rapports humains ne devaient pas être l'occasion de s'exploiter, mais de grandir ensemble ; enfin chacun retrouvait sa liberté : le pauvre, parce qu'il avait été réduit en esclavage ; le riche, parce qu'il étouffait sous l'accumulation de ses biens.

Normalement, tous les cinquante ans, le grand prêtre à Jérusalem devait décréter cette année « sainte » et proposer le renouvellement qu'exigeait la loi de Moïse ; mais en fait, on se gardait bien de l'appliquer. On comprend alors combien cet appel à entrer dans

15. Lc 4, 16-30.
16. Lévitique, ch. 25, 8-19.

une année « sainte » fut à la fois une interpellation du peuple tout entier (la Bible les concernait tous), la proposition d'un bouleversement social et un défi à l'autorité religieuse. En toute vérité, Jésus pouvait commencer ses prédications en annonçant : « Heureux, vous qui êtes pauvres, le Royaume de Dieu est à vous ; heureux, vous qui avez faim maintenant, vous serez rassasiés ; heureux, vous qui pleurez maintenant, vous rirez[17]. » Oui, si tous répondaient à l'appel du Royaume, si tous changeaient leur manière de vivre, alors les pauvres allaient connaître un vrai bonheur ; l'égoïsme mort, on allait vivre en frères !

Dans les autres Évangiles, on garde aussi le souvenir d'une prise de position publique de Jésus au début de sa mission, même si l'événement évoqué est différent.

Ainsi Matthieu ouvre cette période par un long discours où Jésus édicte la nouvelle loi du Royaume. L'ancienne loi de Moïse qui régissait le temps de l'attente est maintenant accomplie et débordée. Dieu s'est approché et sa présence brûle les vieilles concessions faites à la faiblesse humaine[18]. Désormais Dieu est l'unique référence ; il s'agit d'« être parfait, comme le Père est parfait ». Alors Jésus, tel un nouveau Moïse sur la montagne, reprend un à un les vieux commandements pour en reculer définitivement les limites : « Vous avez appris qu'il a été dit... Et bien moi, je vous dis... » Là encore c'est une prise de pouvoir radicale : qui pourrait l'admettre, à part les

17. Lc 6, 20-21.
18. Mt 5, 31-32 et 19, 8.

cœurs ouverts et disponibles que Jésus proclame « heureux » !

Quant à l'Évangile de Jean, il place là l'épisode où Jésus chasse les vendeurs du Temple. Tout le système du Temple, avec les sacrifices sanglants et les règles de pureté, est directement mis en cause. Désormais le Temple, avec ses constructions grandioses, peut disparaître. Jésus, par sa présence, inaugure des temps nouveaux où ces rites n'ont plus lieu d'être. Ce simple geste sape tout l'édifice sur lequel le grand prêtre et les riches familles sacerdotales avaient bâti leur puissance.

Ainsi, en mettant en valeur tel ou tel événement, les évangélistes montrent tous que la première annonce publique de Jésus retentit comme un coup de tonnerre dans le ciel troublé de cette époque. Nul ne pouvait l'ignorer et tous devaient prendre position. Jésus le soulignera bientôt : « Qui n'est pas avec moi, est contre moi ; qui ne rassemble pas avec moi, divise[19]. » Pas étonnant que, dès le début, Jésus ait inquiété les tenants de l'ordre établi : le Royaume de Dieu risquait de déranger bien des gens en place.

LES GUÉRISONS

Cette exigence d'un renouvellement n'était pas très originale, puisqu'elle consistait pour une part à rappeler ce qu'il y avait dans la Bible. C'est si vrai qu'on disait de lui : « C'est un prophète, comme les anciens prophètes[20]. » Mais Jésus montrait qu'on pouvait *vraiment* y répondre et cela, c'était neuf.

---

19. Lc 11, 23
20. Mc 6, 15.

Dieu se faisait proche, sa puissance de renouvellement était donnée à profusion ; aussi chacun pouvait-il changer : concrètement cela se traduisait dans les nombreux appels à la guérison qui marquent toute cette période.

Rappelons-nous quelle était la situation sociale des malades et des handicapés ; comment une Bonne Nouvelle pour eux aurait-elle pu être autre chose que leur guérison ? Qu'y aurait-il eu de vraiment nouveau sans cette possibilité de guérir donnée à tous les malades qui rencontraient Jésus ? Bien plus, chacun, quelle que soit sa situation, pouvait faire l'expérience d'un renouveau : le paralysé retrouvait l'usage de ses membres, le pécheur était libéré de la faute qui pesait sur lui, le riche apprenait le partage, chacun était rejoint dans sa condition pour une vie nouvelle.

Les guérisons étaient un langage direct et concret, adapté à des gens qui croient ce qu'ils voient, pour manifester clairement qu'une puissance de renouveau habitait désormais le monde. Jésus témoignait ainsi du secret de ce Dieu, qu'il appelait son « Père » : le Royaume qui est là, c'est l'amour de Dieu devenu la vie des hommes.

C'est pourquoi Jésus allait à tous et ne craignait pas de fréquenter les pécheurs, les prostituées et ces fripouilles de « publicains » : il fallait que tous sachent qu'ils pouvaient guérir.

URGENCE ET AUTORITÉ

Cette mission est tellement urgente, tellement importante qu'on ne peut plus s'attacher à des petits riens : il faut aller à l'essentiel et pendant toute cette période, Jésus provoque la colère des Pharisiens parce qu'il viole allégrement leurs prescriptions tatillonnes ; quand il s'agit de témoigner de l'amour proche de Dieu, ni le sabbat, ni les observances alimentaires ne peuvent être un alibi ; quand il s'agit de sauver ce qui est perdu, il faut aller résolument de l'avant.

Fort de cette conviction que le Royaume est là, qu'il faut entrer dans son dynamisme, que tous peuvent y parvenir et que cela va renouveler le monde, Jésus parle avec assurance, avec autorité : tous le remarquent. Dès le départ, clairement, il montre qu'un nouvel ordre est là : à ce qu'on a dit autrefois — même dans la loi de Moïse — il oppose des exigences qui découlent de la Bonne Nouvelle elle-même. Maintenant que Dieu devient la vie des hommes, la seule règle, c'est d'être parfait comme Dieu est parfait ! La seule attitude possible est de laisser l'énergie de Dieu nous pénétrer et nous transformer. Cette transformation, parce qu'elle atteint tout l'homme, dans tous les domaines de sa vie, est source de renouveau pour toute l'humanité : y correspondre, c'est bâtir un monde nouveau.

LES DOUZE

A partir de là, Jésus pose un geste significatif : il choisit douze hommes, comme point de départ d'un nouveau peuple de Dieu (le peuple juif reposait sur douze patriarches, origines des douze tribus). Il leur donne mission d'annoncer eux aussi la Bonne Nouvelle avec la même force : eux aussi guérissent. Mais ils sont d'abord là pour vivre l'expérience du Royaume, pour témoigner de ce que Dieu peut faire dans une vie : ils sont l'ébauche du Royaume qui commence à se construire. Peu à peu, Jésus, en reprenant ce qu'ils vivent, ce qu'ils découvrent dans leur mission, les amène à entrer plus avant dans la découverte du monde que Dieu veut pour les hommes.

LA JOURNÉE A CAPHARNAÜM

Pendant toute cette période, qui dura certainement un peu plus d'un an, Jésus voyage beaucoup en Galilée : on le voit à Nazareth, à Naïm, à Cana ; il fréquente surtout les bords du lac de Tibériade, à l'est du pays, et en particulier la ville de Capharnaüm. A son retour du Jourdain, il s'est établi dans cette ville[21] et il rayonne à partir d'elle. Les Évangiles nous racontent une « journée type » de Jésus à Capharnaüm[22]. Même si c'est une reconstitution artificielle, cela rend bien l'atmosphère de la vie de Jésus, caractérisée alors par une activité intense : il fait le maximum pour faire bouger le peuple, pour l'entraîner dans le mouvement du Royaume.

C'est un jour de sabbat ; avec beaucoup d'autres, Jésus et ses disciples se rendent à la synagogue ; tout le monde pouvait y prendre la parole sur invitation du chef de synagogue ; Jésus en profite et il annonce la Bonne Nouvelle avec autorité : on est impressionné par cette façon de parler, on n'a pas l'habitude. Non seulement il parle, mais il agit : un malade se trouve là (certainement un malade mental qui s'agite). Jésus fait attention à lui et, d'une parole, il appelle cet homme à la guérison ; les gens en font la remarque : avec la même autorité, il demande de changer de cœur et il guérit.

---

21. Mt 4, 13.
22. Mc 1, 21-38 ; Lc 4, 31-44.

Puis le voilà dehors ; c'est l'heure du repas : il se rend chez ses compagnons, Simon et André ; d'autres aussi partagent le repas. Là encore, sa parole est puissante ; d'un appel, la belle-mère de Simon est sur pied. L'après-midi du sabbat, on ne doit pas bouger de chez soi : ainsi le veut la loi de Moïse. Mais dès le coucher du soleil, le sabbat fini, tous les gens sont dehors ; on a parlé durant la journée de cette guérison du matin à la synagogue : aussi la maison est assiégée par les malades de toutes sortes et Jésus les accueille : il y voit cette soif d'une vie nouvelle, d'un monde nouveau et l'ébauche de ce nouveau peuple de Dieu en train de se former.

Tôt le matin, il est debout ; il sort dans la campagne pour trouver le calme et méditer les Écritures ; il prie, il dialogue avec son « Père », il communie à ce Royaume qui est là et qui prend corps peu à peu... mais tout le monde le recherche ; il y a d'autres villes où la Bonne Nouvelle doit retentir et le voilà reparti pour une journée aussi harassante.

3. LA CRISE[23]

SUCCÈS ET OPPOSITIONS

Bien des éléments nous font penser qu'à ce moment-là Jésus a espéré que le peuple tout entier entrerait dans le mouvement du Royaume : cela serait tellement puissant que les structures anciennes éclateraient et qu'une création nouvelle allait jaillir ;

23. Pour suivre cette partie, lire Mc 6, 14-18, 33 ; Lc 9, 7-9, 50 ; Mt 14, 1-16, 23.

l'Amour du Père accueilli par tous créerait un homme et un monde nouveaux. Une véritable mutation de l'humanité semblait possible. Les succès rencontrés, les foules qui se pressaient, l'ardeur des disciples qui quittaient tout pour le suivre, ce mouvement formidable qui se dessinait ne pouvaient que confirmer cet espoir. Les paraboles, ces comparaisons que Jésus emprunte à la vie quotidienne, sont l'expression de cette espérance : « A quoi comparer le Royaume de Dieu ? il est pareil à une toute petite graine. Quand on la sème en terre, c'est la plus petite de toutes les graines du monde. Mais, lorsqu'elle a germé, elle devient la plus grande de toutes les plantes du jardin. De grosses branches lui poussent, et les oiseaux s'abritent sous son ombre[24]. »

Déjà, cependant, s'exprime une résistance sourde à son message : il se heurte d'abord aux « docteurs de la Loi », à ces intellectuels, spécialistes des Écritures qui n'acceptent pas que cet homme ordinaire parle de Dieu avec autorité. Puis ce sont les Pharisiens, plus attachés à l'aspect moral de la Loi, qui trouvent que Jésus prend bien des libertés vis-à-vis des observances et qu'il a de bien mauvaises fréquentations. A la nouveauté qu'apporte la prédication du Royaume par Jésus, ils opposent la tradition à respecter coûte que coûte. Dès lors, tout ce qui aurait pu leur poser question, comme la puissance de Jésus sur les corps et sur les cœurs, tout devient suspect. On commence à murmurer dans certains cercles que l'origine de cette puissance est douteuse[25] et dans sa famille, on dit qu'il est dérangé[26].

---

24. Mc 4, 30-32.
25. Mc 3, 22.
26. Mc 3, 21.

« L'AFFAIRE DES PAINS »

Pourtant, pendant toute la période galiléenne, ce qui frappe, c'est le succès remporté par Jésus : un nombre considérable de Galiléens suivent son enseignement ; il trouve un écho favorable dans les couches surexploitées de la population. Son appel aux plus écrasés rencontre l'adhésion populaire, surtout dans cette province où l'influence zélote était puissante. C'est pourquoi les motifs de l'adhésion à Jésus recouvrent bien les ambiguïtés : un épisode va les mettre au jour.

Cela a dû être si important pour les témoins que les Évangiles en ont gardé six récits[27] ; d'habitude, on appelle cet épisode : la multiplication des pains, Marc dit plus simplement « l'affaire des pains[28]. »

Les récits rapportent qu'une grande foule suivait Jésus depuis longtemps ; on commençait à avoir faim et le besoin de se rassasier se faisait urgent. Alors Jésus donna à ces milliers d'hommes la nourriture dont ils avaient besoin, et surabondamment : ce fut un repas de fête, une immense communion. Pour Jésus c'était l'occasion de montrer par un acte qui les atteignait tous que le Royaume était là : Dieu nourrissait son peuple ; il lui donnait ce qui était nécessaire pour changer de vie ; la réponse consistait à accueillir le Règne de Dieu, à renaître à d'autres façons de voir, de vivre, de penser.

Mais Jésus se rendit vite compte de divers mouvements dans la foule ; des cris jaillissaient de partout ; on cherchait à s'emparer de lui pour le porter en

---

7. Mc 6, 35-44 ; Mc 8, 1-9 ; Lc 9, 12-17 ; Mt 14, 13-21 ; Mt 15, 32-38 ; n 6, 1-15.
8. Mc 6, 52.

triomphe : c'était une tentative d'insurrection et on lu
demandait d'en prendre la tête. Au lieu d'adhérer à
l'appel du Royaume, le peuple revenait à ses vieilles
tentations : celles que Jésus avait repoussées au débu
de sa mission. Au lieu d'entendre l'appel à être créa-
teurs, ils se contentaient d'un magicien qui leur four-
nisse le pain tout cuit. Au lieu d'entendre l'appel à être
responsables de nouvelles structures, ils plébiscitaien
un nouveau roi dont ils attendaient tout. Au lieu d'en
tendre l'appel à la libération, ils s'aliénaient de nou
veau. Jésus, le témoin du « Père », ne pouvait suppor
ter de telles ambiguïtés. Cela le décida à rompre : i
allait changer sa manière de faire ; par cette voie-là, i
ne pouvait plus remplir sa mission. Alors il usa de ce
qui lui restait d'autorité pour ordonner la dispersion e
il se retira à l'écart pour une période de réflexion.

UN TEMPS DE RÉFLEXION

Un autre motif poussa Jésus à s'éloigner pour un
moment des foules galiléennes : le roi Hérode
commençait à s'inquiéter ; il voulait « voir » Jésus
c'est-à-dire lui faire subir le sort de Jean : prison e
peut-être mort. Le pouvoir ne pouvait supporter un
telle agitation, d'autant plus que les thèmes dévelop
pés par Jésus n'étaient pas neutres.

Quand on est roi, et surtout si ce pouvoir est fan
toche, on n'aime guère entendre parler d'un autr
Royaume ! Certains vinrent avertir Jésus qu'Hérode l
cherchait pour le faire mourir[29].

---

29. Lc 13, 31.

Pour toutes ces raisons, Jésus quitta la Galilée et partit dans le Nord, en territoire païen : là, personne ne viendrait le déranger ; ses disciples l'accompagnaient, bien qu'ils n'aient rien compris à l'« affaire des pains[30] » ; ils ne voyaient pas pourquoi Jésus avait mis fin à ce succès sans précédent. Aussi Jésus provoque une reprise d'ensemble ; il les invite à faire un bilan[31] : « Qu'est-ce que les gens disent de lui ? » Les disciples témoignent alors de ce qu'ils ont entendu : on voit en Jésus un prophète comme Jean le Baptiste, ou comme les anciens prophètes... Alors Jésus les interpelle directement : « Et vous, qui dites-vous que je suis ? » Pierre répond au nom des Douze : « Tu es le Messie ! » : ils acceptaient que le Messie attendu soit tel que Jésus le montrait, à l'inverse de la foule qui voulait dicter à Jésus son comportement, lui imposant d'être un Messie comme elle le rêvait. Leur attente du Messie était devenue foi en Jésus et, malgré les incompréhensions, les obscurités, ils lui faisaient confiance : « A qui irions-nous, tu as les paroles de la vie éternelle ![32]. »

UN NOUVEAU CHEMIN

Après cette proclamation de foi, Jésus les sent assez forts pour leur révéler le contenu de sa réflexion ; les derniers événements de Galilée, la menace d'Hérode et ce qu'il a puisé dans la méditation des Écritures ont ancré en lui cette conviction : pour que son message

30. Mc 8, 14-21.
31. Mc 8, 27-30.
32. Jn 6, 68.

soit reçu sans ambiguïtés, pour que sa mission aille jusqu'au bout et porte le fruit d'un monde nouveau, il lui faut changer de manière de faire.

Devant l'incompréhension et la désaffection des foules, devant la haine grandissante des élites religieuses, Jésus sait qu'il risque réellement d'être condamné à mort. D'ailleurs, à cette époque, existe une conception selon laquelle les prophètes sont voués à mourir rejetés. Ce thème était véhiculé à la fois dans des écrits et dans la culture populaire. Jésus y fait allusion plusieurs fois : « Jérusalem, toi qui tues les prophètes et lapides ceux qui te sont envoyés, que de fois j'ai voulu rassembler tes enfants[33]... »

Ces différents indices trouvent confirmation dans la méditation du psaume 22 et de certains passages du prophète Isaïe. On y évoque la figure d'un « serviteur » du Seigneur qui, par ses souffrances et sa mort, apporte la vie à une multitude d'hommes. « Par ses souffrances, mon Serviteur rendra justes des multitudes, en prenant sur lui leurs fautes. C'est pourquoi je lui attribuerai des foules[34]. » Jésus découvre ainsi qu'il y a peut-être là un autre chemin possible pour accomplir la mission reçue du Père : « Si le grain de blé ne meurt pas, il reste seul ; mais s'il meurt, il porte beaucoup de fruits[35]. »

En acceptant d'aller jusqu'à risquer la mort, il montrera le vrai visage de Dieu, un Dieu qui ne veut pas imposer de l'extérieur le bonheur aux hommes,

33. Mt 23, 37 ; mais aussi Mc 6, 4 ; Mt 5, 12 ; Mt 23, 31 ; Lc 13, 33.
34. On peut lire Isaïe 52, 13-53, 12, qui présente l'aventure de ce « Serviteur souffrant », et le Psaume 22.
35. Jn 12, 24.

mais qui donne à chacun à tout moment la force de se lever, s'il veut, pour bâtir un autre univers.

En prenant ce chemin, Jésus fait aussi totale confiance à son Père pour le mener au-delà de la mort.

4. LA MONTÉE A JÉRUSALEM[36]

LE « CLIMAT »

Dès lors, les Évangiles nous présentent l'existence de Jésus comme un voyage vers Jérusalem. Il ne s'agit pas d'y voir un reportage, mais beaucoup plus une certaine ambiance[37]. Que Jésus se soit déplacé ici ou là, sa façon de concevoir sa mission est désormais tendue vers ce but : monter à Jérusalem ; c'est là que se dérouleront les événements définitifs. Jésus a déjà choisi son heure pour cela : ce sera pendant les grandes festivités de la prochaine Pâque, en avril. Au moment où l'on fêtera la naissance du peuple juif, lui sera là pour faire naître un nouveau peuple de Dieu.

En effet, Jésus veut jouer le tout pour le tout. A Jérusalem résident les chefs religieux. Il va les affronter. Leur réponse sera décisive dans un sens comme dans l'autre. Sachant l'hostilité grandissante, il ne se fait guère d'illusions. Pendant cette période, Jésus revient souvent sur le sens de cette « montée à Jérusalem », sur le sens des événements qui risquent de s'y produire[38]. De toute façon, sa confiance est absolue en

---

36. Pour suivre cette période : Mc 8, 34 à 10, 52 ; Lc 9, 51 à 19, 27 ; Mt 16, 24 à 20, 34.
37. Mc 10, 32.
38. Mc 8, 31-33 ; 9, 30-32 ; 10, 32-34 ; Lc 13, 33-35.

son Père ; quoi qu'il arrive, sa mission sera accomplie. Les thèmes qu'il médite et qu'il partage avec ses amis se regroupent autour de « mourir pour vivre, pour donner la vie[39]. » Il envisage sa mort comme une possibilité très réelle et il en découvre le sens : c'est un baptême à recevoir, une « plongée[40] » qui suppose une remontée et une vie renouvelée. Il s'efforce de faire partager cette conviction à ses compagnons.

LA FORMATION DES DOUZE

La perspective du Royaume n'est pas abandonnée, mais pour le moment Jésus veut surtout aider ce groupe des Douze à comprendre l'événement qui risque d'arriver. De temps en temps, on voit encore autour de Jésus des foules enthousiastes[41], mais il recherche moins le contact ; il se consacre en priorité au petit groupe de fidèles : il les forme.

Certes, il adresse encore des appels[42], mais c'est pour que tel ou tel vienne grossir le « petit troupeau[43] » comme il dit. Certes, il n'a pas renoncé à s'adresser à tout le peuple, mais cela se fera maintenant d'une manière différente. Quand il sera « élevé[44] », il attirera à lui tous les hommes. Il ne vise plus seulement le renouvellement du peuple juif, fermé sur un nationalisme étroit, mais de toute l'humanité.

Sur ces bases, il prend le temps de former ses disciples profitant de toutes les occasions fournies par

39. Lc 17, 33 ; Jn 12, 25 ; Mt 20, 28.
40. Mc 10, 38 ; Lc 12, 50.
41. Lc 14, 25.
42. Lc 9, 57-62 ; 18, 22.
43. Lc 12, 32.
44. Jn 12, 32-33.

les événements qui marquent le groupe. Un jour où ils se trouvent entourés d'enfants, devant leur réaction de rejet, il précise avec eux qu'accueillir le Royaume demande un esprit neuf, un esprit d'enfant[45].

Une autre fois devant un homme qui demande à faire partie du groupe, il insiste sur la liberté avec laquelle il faut s'engager ; rien ne doit provoquer un retour en arrière, ni richesses, ni affections trop prenantes[46], la mission réclame des hommes tout donnés et Jésus ne craint pas les paroles fortes : il faut vendre tous ses biens, prendre sa croix chaque jour, haïr sa propre vie[47].

D'autres fois, quand le climat est moins lourd, on pense encore à un Royaume proche où il sera important d'être bien placé : on se dispute les premières places[48] ; Jésus intervient : dans le nouvel ordre du Royaume, de telles questions n'ont pas droit de cité. La seule ambition c'est de se mettre au service des autres ; on est tous frères ; on n'a pas de titres à recevoir ni à accorder[49]. Lui, le maître, est parmi eux le serviteur : alors,eux, ne doivent-ils pas être aussi des serviteurs, attentifs aux besoins de chacun, détachés de leur promotion personnelle ?

Ces disputes entraînent des oppositions entre eux : aussi découvrent-ils la nécessité du pardon. Jésus leur apprend que le pardon est l'acte qui fait le plus ressembler à Dieu. Lui, pardonne toujours[50]. Dans la dyna-

45. Mc 10, 13-16.
46. Lc 9, 57-62 ; 14, 33.
47. Mc 8, 34 ; Lc 14, 26.
48. Mc 10, 35-45.
49. Mt 23, 8-11.
50. Mt 18, 21-35.

mique du Royaume, le pardon a une place centrale : il faut déjà apprendre à le vivre entre frères, cela réclame un climat de vérité et de remise en cause personnelle et collective[51].

A chaque fois, Jésus fait toutes ces remarques, en soulignant le lien avec les événements à venir ; aujourd'hui, comme demain, il faut apprendre à servir, à donner sa vie, pour le pardon des péchés.

JÉSUS ET SON PÈRE

Un autre aspect retient Jésus dans la formation de ses disciples : il les place devant des questions plus personnelles. Il provoque à réagir par rapport à lui : il faut croire en lui, adhérer à sa personne, lui faire confiance, marcher à sa suite.

Il cherche ainsi de différentes manières à faire percevoir qui il est, comme cette fois où il emmène Pierre, Jacques et Jean sur la montagne[52]. Là, dans une expérience difficilement communicable, ils comprennent plus clairement que Jésus réalise le projet de Dieu, annoncé dans les Écritures (Loi de Moïse et Prophètes). Ils reçoivent confirmation qu'il est bien l'envoyé du Père, celui qui exprime pleinement sa volonté : « Celui-ci est mon fils, mon élu ; écoutez-le. »

Il leur parle aussi de son Père : il cherche à leur faire découvrir une personne vivante ; il veut qu'ils le sentent. Pour révéler ce qu'est le Père, il leur raconte de nouveau des paraboles : ce berger qui part à la recherche d'une seule brebis et qui est tout joyeux quand

---

51. Mt 18, 15-18.
52. Lc 9, 28-36 ; Mc 9, 8-10 ; Mt 17, 1-9.

il l'a trouvée[53], cet homme dont tout le souci est de voir revenir son fils perdu et qui offre un grand festin à son retour sans tenir compte de sa mauvaise conduite[54], ce vigneron qui embauche à toute heure et qui veut combler même ceux qui n'ont travaillé qu'une heure[55]. Voilà son Père : un amour sans calcul, qui trouve sa joie quand la vie renaît, quand le sourire illumine un visage. Son Père est bon, ce mot suffit.

Tout au long de cette montée à Jérusalem, les paraboles et les guérisons servent à la formation des Douze, à entretenir leur adhésion à Jésus et à entrer dans l'intimité du Père. Cela dura certainement plusieurs mois, jusqu'à ce jour où ils prirent résolument le chemin de Jérusalem[56] : l'heure approchait ; il restait huit jours avant la grande fête de la Pâque.

5. LES DERNIERS JOURS[57]

JÉSUS PREND L'INITIATIVE

Ce qui frappe dans le témoignage des Évangiles sur ces derniers jours, c'est la maîtrise de Jésus. Il dirige les événements ; il sait où il va, rien n'est laissé au hasard. Ce n'est pas un malheureux concours de circonstances qui a provoqué sa mort, mais une façon qu'il a trouvée d'accomplir la mission reçue de son Père.

---

53. Lc 15, 3-7.
54. Lc 15, 11-12.
55. Mt 20, 1-15.
56. Lc 19, 28.
57. Pour suivre cette partie, on peut lire : Mc 11, 1 à 15, 47 ; Lc 19, 28 à 23, 56 ; Mt 21, 1 à 27, 66.

Il entre à Jérusalem, mais il le fait d'une manière solennelle : il choisit de s'affirmer comme le Messie ; cette fois-ci, il organise lui-même la manifestation à sa façon. Il mime un texte de la Bible, le seul qui décrive le Messie sous des traits pacifiques, dépourvus de grandeur extérieure et accueillants aux païens, selon le texte du prophète Zacharie : « Pousse des cris de joie, Jérusalem, voici que ton Roi vient chez toi ; il est juste et victorieux, humble et monté sur un âne : il va supprimer les chars de guerre ; il proclamera la paix pour les nations ; son règne s'étendra jusqu'aux extrémités de la terre[58]. »

Dans ce contexte-là, Jésus ne craint plus les acclamations ; il sait qu'elles vont précipiter le dénouement. Il faudra bien que le pouvoir en place réagisse devant une telle prétention, mais d'autre part il a trop déçu les espoirs nationalistes pour que des partisans l'appuient et soulèvent le peuple pour le sauver.

Après cette entrée fracassante dans la ville, il monte au Temple. Et là, il se lance dans une nouvelle provocation : il chasse les marchands de bêtes, les changeurs de monnaie, tous ceux qui vivent du commerce religieux. S'attaquer ainsi au Temple, c'était s'opposer au pouvoir religieux, politique et financier : de quelle autorité faisait-il cela ? Aussitôt les chefs des prêtres réagirent. Mais Jésus donnait à ce geste une signification plus profonde en rapport avec sa mission : il montrait que, désormais, cette façon de s'adresser à Dieu devenait inutile ; en lui une nouvelle relation à Dieu allait se nouer, qui remplacerait toutes les autres.

58. Zacharie 9, 9-10.

On pouvait détruire ce Temple et tout ce qu'il symbolisait, il était, lui, le nouveau Temple ; l'accueillir, lui, le messager du Royaume de Dieu, c'était entrer dans un renouvellement total.

Ses paroles se font alors aussi percutantes que ses actes ; Jésus passe à l'attaque : il veut amener ou le retournement qui fera basculer tout le peuple, chefs en tête, dans le mouvement du Royaume, ou plus sûrement sa propre mort, une mort avec un peuple fermé et buté, pour renaître au cœur d'un nouveau peuple de Dieu. Les paraboles s'en prennent directement à ses adversaires et elles dévoilent le sens de ce qui se passe : dans sa mort qu'on est en train de préparer (Jésus montre qu'il le sait), tout un monde ancien s'écroule : les chefs vont être dépossédés de leur pouvoir, le Temple va disparaître, Jérusalem sera détruite et la nation dispersée. C'est un autre peuple qui va naître, car Dieu est résolu à sauver les hommes : il le montrera en conduisant Jésus au-delà de la mort.

LES PRÉPARATIFS

En effet, cette fois-ci, la mort de Jésus est bien décidée par les autorités : c'en est trop. Le grand prêtre le dit : « Il est préférable qu'un seul meure plutôt que tout le peuple[59]. » Cela doit avoir lieu avant la fête de Pâque, discrètement. Cette fête, la plus importante de l'année, rassemblait des pèlerins juifs de tous pays ; il y avait tellement de monde que le gouverneur romain, d'habitude en résidence à Césarée au bord de la mer,

---

59. Jn 11, 50.

montait ces jours-là sur place pour être sûr de contrôler la situation. Ponce Pilate, le gouverneur, était donc à Jérusalem.

Jésus choisit son heure : ce soir-là, il annonce à ses disciples qu'il passera la nuit au « Jardin des Oliviers », un parc public où beaucoup de pèlerins campaient. Judas, un des Douze, qui a décidé de le trahir, le sait, et il communique aux chefs le renseignement qui permettra une arrestation discrète. Auparavant, Jésus manifeste le désir de partager le repas de la fête de Pâque avec ses disciples ; ce n'était pas le jour officiel, mais le calendrier n'était pas très strict ; d'autres groupes faisaient ainsi. Jésus, à partir de ce repas plein de symboles, veut leur faire comprendre le sens des événements qui vont maintenant se précipiter. En mangeant un agneau, on fêtait Dieu qui avait libéré le peuple de l'esclavage d'Égypte ; Jésus, lui, va libérer les hommes de tout esclavage : dans une nourriture nouvelle et toute simple, un partage de pain et de vin, il offre à tous ceux qui le veulent la possibilité de recevoir en eux sa puissance d'amour et de renouvellement. Il va mourir : c'est le chemin qu'il a trouvé pour faire passer à tous les hommes l'énergie et l'esprit qui l'habitent.

Maintenant, il leur laisse un geste simple, par lequel tout homme pourra se brancher sur lui : il prend du pain et du vin et les présente comme son corps et son sang donnés pour la vie du monde. Il leur dit de refaire ce geste en souvenir de lui : c'est une nouvelle alliance entre Dieu et les hommes ; Dieu met à la disposition des hommes sa puissance d'aimer. Ce geste n'aurait eu aucun sens pour Jésus s'il n'avait été sûr d'un au-delà de la mort pour lui et pour tous ceux qu'il entraînait dans cette aventure. Par là, il disait le sens de sa mort et il annonçait sa vie de ressuscité.

Après ce repas, ils sortent dehors et se dirigent vers le « Jardin des Oliviers ». Les disciples s'endorment : malgré ce qui vient de se passer, ils croient à une nuit tranquille. Jésus est seul à ne pas dormir ; il connaît alors un trouble immense : n'y avait-il pas un autre chemin pour sa mission ? sa mort ne sera-t-elle pas inutile comme tant d'autres ? Depuis quelques jours, il affrontait en maître les événements : le voici soudain accablé, désorienté. Devant la mort tout son être se révolte : Jésus est bien des nôtres. Mais un groupe d'hommes arrive ; ils sont en armes ; on l'arrête, on l'emmène. Tous les disciples prennent peur et s'enfuient. Il n'y a personne pour protester, pour le défendre.

LA MORT

Alors, il est traîné de tribunaux en tribunaux plus ou moins officiels. Contre lui, on ressort toutes les accusations possibles. Le détail n'en est pas très important : bien des régimes depuis nous ont appris comment condamner des innocents. D'abord on évoque ses paroles concernant le Temple, puis les chefs des prêtres réclament sa mort, en se référant à la Loi de Moïse, parce qu'il se prétend « Fils de Dieu ». En principe, considéré comme faux prophète, Jésus aurait dû être lapidé ; c'était le châtiment prévu par la Loi. Mais, ou bien parce que les responsables juifs n'avaient peut-être plus le droit de vie et de mort, ou bien pour disqualifier encore davantage Jésus et le faire condamner pour un autre motif, ils le traînent devant le gouverneur romain Ponce Pilate.

Ils l'accusent de projets politiques, certains que le gouverneur sera obligé de le condamner, surtout en cette période de la Pâque, où les foules excitées s'agitent facilement : cet homme prêche la révolte, il se prétend « roi ». Pilate n'est pas très convaincu de la culpabilité de Jésus, pourtant il le condamne à mort. Après tout, un juif de plus ou de moins, cela lui importe peu. Alors, après quelques tortures pour faire bonne mesure, Jésus est cloué sur une croix, selon la loi romaine, au sommet d'une hauteur proche de Jérusalem.

Apparemment les chefs des prêtres ont doublement gagné : Jésus est mort. De plus, cette mort en croix lui enlève tout crédit auprès des juifs, puisque selon la Bible, « est maudit, celui qui est pendu sur le bois[60] ». Personne ne pourrait donc en faire un prophète martyr. Visiblement Dieu avait abandonné cet être maudit. Qui oserait encore prendre sa défense ?

Ils ont ainsi réussi à voler à Jésus le sens même de sa mort. Il se voyait mourir à Jérusalem, lapidé comme tant d'autres prophètes, en fidèle témoin du Dieu dont il annonçait le Royaume. Il meurt condamné comme un agitateur politique, avec cette inscription dérisoire : « Jésus de Nazareth, roi des Juifs », ce qu'il a toujours refusé d'être.

C'était un jour d'avril des années 30. Le lendemain commençaient les grandes festivités de la Pâque, car cette année-là la Pâque tombait un jour de sabbat, raison supplémentaire de se réjouir. Pour des questions

---

60. Dt 21, 23

religieuses, mais aussi pour en finir avec cette histoire, il ne fallait pas que les corps restent trop longtemps à la vue de la population. C'est pourquoi on mit rapidement le cadavre de Jésus dans un tombeau qu'un ami possédait à proximité de là.

6. IL Y A EU UN AU-DELÀ DE LA MORT[61]

Les témoignages sur Jésus ne s'arrêtent pas avec la mise au tombeau ; ils affirment qu'il y eut une suite. Déjà, Jésus avait cette conviction d'un au-delà de la mort ; sinon le choix de ce chemin aurait été une absurdité. Ce passage dans la mort qui allait provoquer son propre éclatement, il le voyait aussi comme le lieu d'un jaillissement de vie pour le plus grand nombre : c'était la manière qu'il avait trouvée de faire passer à tous le dynamisme du Royaume. Les témoins nous disent : « Jésus est ressuscité, nous l'avons revu vivant. »

Les chrétiens sont nés de cette conviction-là : sans cela jamais des hommes, des femmes ne se seraient mis en route à la suite du Christ ; tout aurait sombré avec sa mort. Ces hommes qui, lâchement, ont fui lors de son arrestation, ses compagnons qui l'ont laissé mourir seul sur la croix, comment se seraient-ils relevés, écrasés par la honte de leur désertion et par la fin tragique de leurs espérances ?

61. Mc 16, 1-20 ; Lc 24, 1-53 ; Mt 28, 1-20 ; Jn 20 et 21.

ILS L'ONT VU

Sur quoi s'est fondée leur conviction que Jésus mort soit à nouveau vivant, présent parmi eux ? Les Évangiles nous livrent deux indications : les disciples ont trouvé vide le tombeau dans lequel Jésus avait été déposé, mais surtout ils ont été nombreux, hommes et femmes, à l'avoir vu vivant après sa mort. Ces témoins, dispersés à la suite de la mort de Jésus, ont fait, dans des endroits différents et sans s'être concertés, une expérience qu'ils ont expliquée en disant qu'ils avaient « vu » Jésus. Ces expériences n'ont duré qu'un temps : elles sont uniques dans leur forme ; elles se sont produites sans aucun lien entre elles, ce n'était pas une vie continuelle avec Jésus, mais plutôt des visites dont il gardait l'initiative.

La tradition était précise à ce sujet et Paul la résumait dans une lettre écrite en l'an 55 ; pour nous, c'est le témoignage écrit le plus ancien concernant la résurrection de Jésus : « Je vous ai transmis dès le début ce que j'ai moi-même reçu : le Christ est mort pour nos péchés selon les Écritures, il a été mis au tombeau, et, selon les mêmes Écritures, il est ressuscité le troisième jour, il est apparu à Pierre, puis aux Douze, puis à plus de cinq cents frères à la fois. Si quelques-uns sont morts, la plupart vivent encore[62]. »

Dans les Évangiles, ces visites de Jésus sont bâties sur le même schéma : d'une manière inattendue, il est là ; les disciples sont étonnés, hésitants, certains doutent, puis grâce à un signe, à une parole, le doute

---

62. Ire lettre aux Corinthiens, ch. 15, 3-6.

s'efface pour faire place à une conviction absolue : ils ont la certitude de l'avoir rencontré ; cette conviction engendre en eux une espérance indestructible : la haine, l'injustice, l'intolérance, l'argent, le mépris, la malédiction qui, un instant, avaient écrasé Jésus, étaient vaincus avec sa mort. La Vie et l'Amour triomphaient avec Jésus vivant. La victoire était donc possible ; il existait une issue. L'univers nouveau de Dieu n'était pas une illusion. Jésus ressuscité en était l'assurance. En le ressuscitant, Dieu lui donnait raison et authentifiait son témoignage comme véridique. Ce qu'il disait, c'était donc la parole de Dieu. Ce qu'il faisait, c'était donc la manière d'agir de Dieu. Ce qu'il proposait, c'était donc la volonté de Dieu. Pour les disciples, Jésus devenait le Seigneur, la référence absolue ; il fallait donc le suivre et continuer sa mission, quoiqu'il en coûte.

A cause de ces rencontres, ils deviennent des hommes nouveaux. Le contact personnel avec Jésus est renoué, mais à une profondeur qu'il n'avait jamais atteinte : la confiance, le courage, l'esprit d'initiative de Jésus les pénètrent à tel point qu'ils deviennent les animateurs d'un mouvement que rien ne pourra stopper, ni persécutions, ni échecs, ni divisions. Oui, quelque chose, une expérience unique, a transformé ces hommes ; ils nous ont affirmé que c'était la rencontre de Jésus vivant après sa mort. Il s'agit bien d'un fait historique, c'est-à-dire d'un fait qui a changé l'histoire et le cours des événements du monde.

LA VENUE DE L'ESPRIT

Cette façon de voir Jésus vivant a cessé comme expérience originale : de cela encore témoignent les textes ; il y a eu une dernière fois où ses amis l'ont vu. Mais ils ont affirmé aussi que sa présence continue d'habiter le monde : « Je suis avec vous tous les jours, jusqu'à la fin des temps », dit Jésus dans cette dernière visite[63].

Ce qu'ils avaient découvert en Jésus : une ardeur, un amour, une vitalité, un feu. Ils firent l'expérience que désormais ils avaient recueilli quelque chose de cela : ils avaient reçu de son Esprit ; c'était comme un don que le Christ leur avait communiqué ; la puissance de renouvellement qui était en Jésus les habitait maintenant. Et pourtant ils l'avaient si lâchement abandonné, renié, trahi ! C'est donc que le pardon était total, donné à tous.

Cinquante jours après les événements de la Pâque, lors de la fête de la Pentecôte, ils se trouvaient ensemble et l'Esprit du Christ les saisit : ils étaient « plongés » (baptisés) comme dans un feu ; la puissance de l'Esprit brûlait en eux et, sous cette poussée, les voilà dehors et ils commencent à annoncer la Bonne Nouvelle et ça ne finira plus. Ils appellent ceux qui se trouvaient là à rejoindre la communauté où sont offerts à tous gratuitement le pardon, le feu de l'Esprit et l'espérance d'un monde nouveau. C'est dans la communauté que, désormais, on adhère au Christ et qu'on accueille sa puissance de renouvellement.

L'aventure humaine de Jésus a révélé aux hommes un secret : ce monde qui est le nôtre est habité par un amour infini ; il s'offre à chaque homme pour qu'il

---

63. Mt 28, 20.

vive vraiment et à tous pour qu'ils grandissent ensemble indéfiniment et bâtissent un univers nouveau : accueillir Jésus, son message, sa vie, son esprit, c'est adhérer consciemment à cette signification du monde, c'est s'ouvrir à une vie qui déborde de toutes parts, c'est accueillir l'amitié de Dieu pour construire un monde de frères.

Par sa vie au-delà de la mort, Jésus rejoint tous les hommes : le Royaume, l'« univers nouveau de Dieu » est proposé à tous pour le mettre en œuvre. L'itinéraire de Jésus, tel que les témoins l'ont transmis, nous interroge tous : comme en Jésus, Dieu ne s'impose pas ; il se propose dans un appel adressé aux hommes, appel à la création, à la responsabilité, à la libération collective. A cet appel, tout homme donne une réponse concrète dans ses choix de chaque jour. C'est toujours sur les chemins de la vie qu'on rencontre le Dieu vivant.

DEUXIÈME PARTIE

QUI ONT-ILS RENCONTRÉ ?

Les témoins n'ont pas voulu nous retracer avec précision les détails de l'histoire de Jésus ; leur attention était ailleurs : l'important pour eux (et sûrement pour nous aussi), c'est de nous mettre en présence de quelqu'un. La découverte d'une personne n'est pas réalisée lorsqu'on a retracé ses faits et gestes en les datant précisément. C'est bien plus intérieur, plus intuitif : faire sentir quel genre d'homme ils ont rencontré, voilà ce qu'ils proposent. Car pour eux, cette rencontre a radicalement bouleversé leur vie et les a comblés au-delà de toute espérance : « Ce que nous avons entendu, ce que nous avons vu de nos yeux, ce que nous avons contemplé, ce que nous avons touché de nos mains de la Parole de Vie, car la Vie s'est manifestée — nous l'avons vue, nous en rendons témoignage et nous vous annonçons cette Vie de toujours. Elle était auprès du Père et elle nous est apparue — ce que nous avons vu et entendu, nous vous l'annonçons afin que vous soyez en communion avec nous... et que notre joie soit complète[1]. »

La figure de Jésus, ils ne l'ont vraiment compris et qu'à la lumière de la résurrection ; ils en ont témoigné à partir des questions que les premiers chrétiens se

1. Ire lettre de Jean 1, 1-4.

posaient. Aujourd'hui, à partir de nos questions qui sont différentes, nous avons à découvrir du neuf sur Jésus. Si le Christ est vivant, aujourd'hui encore il nous parle, aujourd'hui encore il nous appelle, aujourd'hui encore il se fait connaître à nous. Nous sommes invités à sa recherche dans un nouvel univers social, politique et religieux ; chaque génération, chaque groupe humain doit aller au Christ avec ses soucis, ses problèmes, ses questions pour le découvrir vivant et s'enrichir de cette découverte.

Ce travail a besoin d'être soutenu par une recherche collective et c'est une des raisons des rassemblements d'Église. Pour appuyer un tel partage sur des bases solides et précises, il est nécessaire de se tourner à nouveau vers les témoins, pour leur demander : Jésus, que fait-il ? Jésus, que disait-il ? Jésus, que voulait-il ? Arrivés là, nous pourrons peut-être dire : Jésus, qui était-il ? Et finalement, qui est-il vraiment pour nous aujourd'hui ?

CHAPITRE PREMIER

QUE FAISAIT-IL ? L'ACTION DE JÉSUS

UNE DESCRIPTION

Une grande activité de contact

Au début, comme Jean le baptiseur, Jésus semble avoir accueilli les foules qui venaient à lui ; lui ou ses disciples baptisaient à la manière de Jean[1]. Mais bientôt Jésus adopte une tout autre façon de faire : il n'attend plus, il se déplace ; il cherche à entrer en contact avec tous et spécialement avec le peuple méprisé, avec cette « racaille qui ne connaît pas la Loi, avec les maudits[2] ». Désormais, on le voit fréquenter les malades, les lépreux[3], les prostituées[4], les « publicains », ces sordides exploiteurs du peuple[5] ; il se rend chez les Samaritains hérétiques[6] ; il accueille les enfants, quantité négligeable à cette époque[7] ; la foule est son environnement quotidien ; il la considère comme

1. Jn 3, 22-26 ; 4, 1-2.
2. Jn 7, 49.
3. Lc 5, 12.
4. Jn 4, 27.
5. Lc 19, 7.
6. Lc 17, 11.
7. Lc 18, 15.

sa famille : « Regardant longuement ceux qui étaient assis en rond autour de lui, il disait : "Voici ma mère et voici mes frères..."[8]. » Il accepte aussi l'invitation des Pharisiens[9], car il craint pas l'affrontement. Tous doivent savoir que Dieu se fait proche d'eux.

Il est toujours en déplacement du nord au sud, toujours sur les routes ; il n'a plus le temps de manger[10], il s'endort de fatigue dans une barque[11], et pourtant il sait prendre le temps de l'amitié pour participer à une noce[12], pour se détendre avec des amis[13]. Le partage de la table est un moyen privilégié pour lui : il aime se retrouver avec les gens pour le repas[14], à tel point que les mauvaises langues disent : « C'est un ivrogne et un goinfre ![15] » Là encore, il manifeste son originalité : manger à la même table, c'est se reconnaître solidaire avec les convives, c'est entrer en connivence avec eux. C'est pourquoi les Pharisiens avaient multiplié les prescriptions pour bien séparer les purs des impurs lors des repas. Jésus se moque de ces traditions ; il fait table ouverte avec tous les exclus, tous les marginaux. « Pourquoi votre maître mange-t-il avec les pécheurs ? » Pour Jésus, la réponse est simple : ils sont les invités de Dieu qui veut les libérer ! « Venez à moi, vous tous qui peinez courbés sous le fardeau ; moi je vous soulagerai[16]... »

Il avait une parole à transmettre, une « Bonne Nouvelle », et il ne perd pas une occasion de parler ; tout lui est bon pour faire passer le message : la nature[17],

---

8. Mc 3, 34.
9. Lc 14, 1 ; Lc 7, 36.
10. Mc 6, 31.
11. Mt 8, 24.
12. Jn 2, 1-12.
13. Lc 10, 38.
14. Lc 5, 29.
15. Lc 7, 34.
16. Mt 11, 28.
17. Lc 12, 24.

les gens rencontrés[18], les événements[19]. Il aime particulièrement se servir de comparaison tirées de la vie quotidienne, peut-être parce que ces « paraboles » suggèrent plus qu'elles n'affirment : elles laissent chacun libre d'entreprendre ou non la recherche. Mais devant tous ceux qui prétendent en savoir plus que d'autres, il n'hésite pas à dénoncer leurs manœuvres[20], tandis qu'il sait se taire par respect devant une femme accusée[21] ou pour écouter une question[22] ou encore pour faire attention aux appels de foi[23].

Sa manière de faire, son regard, ses attitudes, sa parole veulent susciter une réaction ; Jésus ne laisse personne en repos. Chacun se trouve appelé à sortir du désespoir, du jugement qui l'écrase, de sa torpeur ou de son aveuglement. Il invite à de nouvelles démarches, à se risquer sur sa parole, sur la confiance qu'il accorde à chacun. Son passage ne peut laisser indifférent ; il faut prendre parti.

Des actions « parlantes »

Pour Jésus, parler ne suffit pas : il agit pour signifier concrètement qu'un temps nouveau est arrivé. Dieu s'est approché et Jésus montre par des signes parlants que sa présence renouvelle (recrée) toute personne et toute chose. C'est pourquoi il guérit ; les témoins sont unanimes à le rapporter. Il rend la vue aux aveugles[24], la parole aux muets[25], l'usage de leurs membres aux

18. Lc 21, 1.
19. Lc 13, 1.
20. Lc 11, 37-44.
21. Jn 8, 1.
22. Lc 10, 25.
23. Lc 14, 15.
24. Lc 7, 22.
25. Lc 11, 14.

paralysés[26], il redonne santé et dignité aux lépreux[27], il délivre nombre de gens de leurs obsessions, des « esprits mauvais[28] », à certains même, il rend la vie[29]. Mais pour accomplir ces guérisons, il faut qu'il trouve chez les malades ou dans leur entourage une attente, une recherche, une confiance : guérir doit correspondre à un désir[30]. A Nazareth, il ne se passera rien car le soupçon règne[31]...

Il accomplit aussi d'autres gestes significatifs et parlants pour les gens de cette époque : il pardonne les péchés, domaine réservé à Dieu[32], il mime la Bible comme lors de son entrée à Jérusalem[33], il chasse les vendeurs du Temple[34], car pour lui le système des sacrifices sanglants est dépassé. Dieu se propose gratuitement à tous et l'honorer consiste à le reconnaître dans le plus petit de ses frères. Aussi trouve-t-il insupportable qu'on se réfugie derrière des motifs religieux pour se dispenser de porter secours ou amitié à ceux qui en ont en besoin[35]. Cette hypocrisie religieuse est une des rares choses qui provoque sa colère[36] ; il ne tolère pas qu'on se serve de Dieu pour oublier l'homme ; cela le met hors de lui. Toutes ces actions, les anciens prophètes les avaient attribuées à Dieu et à son Messie : en les accomplissant, Jésus montre qui il est et d'où il vient[37].

On sent en lui une grande maîtrise de sa vie et des éléments de la nature ; il est chez lui dans ce monde ;

---

26. Mc 2, 1.
27. Mc 1, 40.
28. Mc 5, 1.
29. Mc 5, 21.
30. Mt 20, 32.
31. Mc 6, 5.
32. Lc 5, 21.
33. Mt 21, 1-11.
34. Mc 11, 15.
35. Mc 7, 13.
36. Lc 11, 39-54.
37. Jn 10, 37-38.

les choses semblent lui obéir : il calme la mer d'une parole[38], il nourrit la foule avec quelques pains[39]... Il sait où il va ; il ne se laisse pas entraîner dans n'importe quelle aventure : il refuse d'être roi et de prendre la tête d'une insurrection en Galilée[40] ; il agit à « son heure », quand il l'a décidé[41].

Il constitue un groupe de disciples

Dès le début, Jésus rassemble autour de lui un groupe d'hommes ; mais à la différence des maîtres pharisiens qui avaient aussi des disciples étudiant la Loi, Jésus choisit lui-même ceux qu'il veut pour vivre la même mission que lui[42] ; il les associe à ses déplacements, à ses prises de parole ; il leur donne pleine responsabilité[43] : eux aussi ont pour tâche d'annoncer le Royaume de Dieu, en appelant au changement du cœur et en montrant que c'est possible par les guérisons. Parmi eux, il en appelle douze et il jette par là les bases d'un nouveau peuple de Dieu. Il change le nom du premier d'entre eux : Simon sera « Pierre », c'est-à-dire « rocher » : sa mission sera d'être le fondement d'une construction nouvelle[44]. Il les envoie deux par deux porter eux aussi la Bonne Nouvelle en paroles et en actes. Ce sont des envoyés jamais en repos, appelés à rejoindre tous les hommes pour leur témoigner l'amour proche de Dieu. A travers ce compagnonnage, il les éduque ; il consacre de plus en plus de temps à leur formation : explications supplémentaires[45], temps

---

38. Lc 8, 24.
39. Lc 9, 13.
40. Jn 6, 14-15.
41. Jn 12, 23 ; 7, 30.
42. Lc 6, 13-14.
43. Lc 9, 1.
44. Mt 16, 18.
45. Mt 15, 15.

d'arrêt à l'écart[46] ; il leur apprend à admirer[47], à se réjouir des beautés de la nature[48], de la foi de celui-ci[49], de la générosité de celle-là[50].

A ce peuple en formation, Jésus donne de nouvelles règles de vie. Il va jusqu'à leur laver les pieds[51], geste bien concret réservé aux esclaves, mais en même temps geste symbolique : il leur montre ainsi qu'entre eux ce doit être la fraternité, le service mutuel et pas de fausses hiérarchies[52]. Enfin, dans son dernier repas, il leur confie un partage de pain et de vin, à célébrer en souvenir de lui, pour que sa vie et sa présence continuent de les animer ; ainsi son corps et son sang donnés pour le monde seraient toujours présents parmi eux pour les nourrir et les porter en avant[53].

Il est libre dans sa façon d'agir

Il a une façon à lui de « pratiquer » la religion : attentif à tout ce qui bouge, il va là où il se passe quelque chose d'important ; dès le début, il vient écouter Jean le baptiseur et il rejoint ce mouvement marginal. Il ne s'embarasse pas des prescriptions de la Loi de Moïse, ni des traditions surajoutées. Pour conduire sa mission, il va à l'essentiel : se laver les mains[54], froisser les épis[55], faire des jeûnes[56], est-ce bien important, est-ce le moment ? N'est-il pas plutôt temps de sauver tout homme[57], et d'aller de l'avant pour

---

46. Mc 6, 31.
47. Lc 10, 21.
48. Lc 12, 27.
49. Lc 7, 9.
50. Lc 21, 3.
51. Jn 13, 1-16.
52. Mt 23, 8-11.
53. Lc 22, 19.
54. Mc 7, 5.
55. Mc 2, 23.
56. Mc 2, 18.
57. Mc 3, 4.

annoncer la Bonne Nouvelle ? Il passe par-dessus les tabous religieux en allant chez les Samaritains[58] ; il mange avec tous, même avec les impurs[59]. Il conteste l'impôt reçu par les grands prêtres[60], pourtant il le paye quand même.

Il a sa manière de s'adresser à Dieu. Il relativise le rôle du Temple de Jérusalem et des prêtres. Il invite à prier personnellement dans le secret, « en esprit et en vérité » ; il apprend à ses disciples une prière nouvelle[61]. Lui-même s'arrête longuement pour prier, pour retrouver ce Dieu qu'il appelle familièrement « Papa ».

A travers ce comportement si simple et si original, il amène les gens à se poser des questions sur lui. On le sent libre et libéré intérieurement : il fait ce qu'il pense juste de faire au moment où cela lui semble bon. Sans parler de lui, il fait entrevoir ainsi qui il est ; il laisse transparaître le secret qu'il porte en lui. Parfois cela éclate dans une clarté plus grande, comme ce jour où sur la montagne Pierre, Jacques et Jean découvrent un peu de son mystère[62]. La voix du Père se fait entendre pour eux : « Celui-ci est mon Fils, mon élu ; écoutez-le ».

EN POURSUIVANT LA RÉFLEXION

Quelle chance que les Évangiles se soient pas uniquement des recueils de paroles de Jésus ; quelle chance qu'à travers les récits nous puissions découvrir

---

58. Jn 4, 5.
59. Mc 2, 16.
60. Mt 17, 26.
61. Lc 11, 1.
62. Mc 9, 2.

la manière d'être, les choix et les engagements de Jésus. Il nous apparaît comme une parole qui prend chair dans le destin d'un homme de chez nous. Pour nous, qui nous méfions bien souvent de trop belles déclarations, il est bon de voir comment elles ont donné vie et saveur à l'existence de Jésus.

Importance d'être avec...

L'importance pour le Christ d'être mêlé aux gens : la plus grande partie de sa vie a consisté à partager pleinement, discrètement, l'existence d'amis, de voisins, de travailleurs, à Nazareth. Trente ans passés à grandir, à s'épanouir dans l'apprentissage d'un métier, dans les relations de la famille, du travail, du voisinage ; son visage a pris forme dans ce contexte et pour toute sa vie ; celui qui se présentera comme venant de Dieu, c'est un travailleur du bâtiment qui a appris à Nazareth à raisonner, à nouer des contacts : il gardera l'accent du terroir. Il est totalement lui-même, totalement à son aise dans cette existence-là : il continuera à vivre ainsi, il aime la simplicité que permet la vie quotidienne partagée. Il ne se force pas pour aller à tous : leur rencontre est sa vie. N'est-ce pas une chance pour nous aujourd'hui que Jésus ait voulu avoir ce visage-là ?

Le pourquoi des guérisons[63]

Il guérissait et il pardonnait : il liait ces deux genres d'action, car c'était un même combat contre tout ce qui mutile l'homme. Pour Jésus, c'est un langage en actes ; une façon simple et claire d'interpeller les paysans galiléens. Aujourd'hui, nous avons du mal à comprendre ces signes-là et sans doute Jésus n'emploierait pas avec nous ce langage. Son action de guérison correspond aussi à des annonces de la Bible : les anciens prophètes avaient déclaré que ce serait un des signes de la venue de Dieu ; Jésus accomplit ces signes.

Quand il guérit, quand il pardonne, son action donne confiance pour rendre libre. Il ne cherche pas à étonner, ni à attirer l'attention sur lui, mais plutôt à faire naître en chacun cette conviction ; un temps nouveau est arrivé où l'impossible devient possible ; je peux marcher, je peux voir, je peux parler, je peux vivre, je suis libéré. D'ailleurs, pour le souligner, Jésus donne quelque chose à faire à chacun : « Va te laver à la piscine[64] », « Prends ton lit et marche[65] », « Allez

---

63. Sur cette question, on peut lire un article de A. Duprez, « Les miracles évangéliques ». On le trouve à la suite de la traduction des Évangiles de Pierre de Beaumont (Fayard-Mame), pp. 722-726.
« ... Par ses "miracles", Jésus utilisait le langage de son temps, différent du nôtre (une bonne pluie n'est plus pour nous signe de l'amour de Dieu !) Il nous faut donc transposer dans notre langage ; or, le langage "parlant" aujourd'hui, quand il s'agit de salut, s'exprime en termes de "développement des pays, combat pour la justice, pour la dignité, vérité des relations humaines, etc. Pourquoi ne pas chercher là et dans ces domaines les réalisations concrètes de l'amour de Dieu pour les hommes d'aujourd'hui ?" » (p. 725).
64. Jn 9, 7.
65. Mt 9, 6.

vous montrer aux prêtres[66]. » Son action est appel à agir dans le même sens que lui, à la mesure de ses possibilités.

Le Royaume qu'il annonce comme tout proche se réalise chaque fois que les puissances de mort, de maladie, de péché reculent, chaque fois que l'homme sort libéré, renouvelé de sa rencontre : « Si c'est par l'Esprit de Dieu que je chasse les esprits du mal, alors, c'est sûr, le Royaume de Dieu est arrivé à vous[67]. » En appelant les personnes rencontrées à marcher, à voir, à parler, à changer, à vivre, Jésus les invite à devenir créateurs et responsables. Il n'y a plus de situations définitivement mortes : avec lui, partout, la vie peut jaillir à nouveau ; c'est la Bonne Nouvelle en actes. Jésus, par ses miracles, rend libre pour une vie nouvelle.

Des perspectives

Quand il rencontre une personne, il lui demande une action précise et possible : vendre tous ses biens[68], le suivre dans sa mission[69], donner à boire[70], inviter à table[71]. Collectivement, il propose à tout le peuple des actions concrètes, quand il déclare ouverte l'année « sainte » : rendre la liberté aux esclaves, remettre les dettes, permettre à chacun de retrouver ses terres[72]. Il s'agit toujours d'entrer dans une manière de vivre plus fraternelle et plus soucieuse des autres : rien ne peut justifier le rejet, le mépris, l'oubli d'un seul homme.

---

66. Lc 17, 14.
67. Mt 12, 28.
68. Lc 18, 22.
69. Lc 5, 27-28.
70. Jn 4, 7.
71. Lc 19, 5.
72. Lc 4, 17-21.

Ses propositions radicales font la vérité : elles mettent en lumière ce qu'il y a dans le cœur de chacun[73]. Désormais, c'est à moi de me rendre proche, tous deviennent mon prochain, tous, c'est-à-dire autant que je peux en connaître, autant que je peux en toucher ; l'immobilisme ne trouve plus d'excuses[74]. C'est pourquoi, ou bien on s'engage dans le mouvement du Royaume, ou bien on rejoint le camp de ceux qui veulent faire disparaître le gêneur[75] ; le passage de Jésus ne laisse pas indifférent, il dérange : avant et après, on n'est plus les mêmes[76].

Son action met ainsi au jour un nouveau peuple, non seulement quand il constitue un noyau de disciples, mais par son appel adressé à tous, personnellement et collectivement. Pour faire partie de ce peuple, inutile d'invoquer sa race, sa position sociale ou religieuse ; seule la réponse du cœur, la volonté de changer est demandée. Avec une gratuité, une générosité absolue, Dieu offre son amour et sa présence : la seule réponse possible est d'accueillir ce don de Dieu pour en vivre à son tour. Au service de ce peuple en formation, le corps des disciples est là pour alimenter le renouveau, pour permettre le partage, pour assurer la cohésion de l'ensemble : ils ne doivent avoir d'autres ambitions que de servir le dynamisme du Royaume, comme Jésus lui-même le fait.

---

73. Jn 3, 20-21.
74. Lc 10, 25-37.
75. Mt 12, 30.
76. Jn 7, 45-53.

DES QUESTIONS

Cette description de l'action de Jésus laisse en nous bien des interrogations faces aux injustices de son temps (et on a vu qu'elles étaient grandes !) Quelle a été l'action de Jésus, quelles initiatives a-t-il prises ? Face au mouvement révolutionnaire, quelle position a-t-il adoptée ? Sur le plan social et politique, nous restons un peu sur notre faim, pourquoi ne pas l'avouer ?

Son action par rapport aux injustices ?

Même si Jésus, dans un premier temps, a lié l'accueil du Royaume à l'acceptation d'une année « sainte » qui comportait tout un renouvellement social (permettre à chacun de retrouver sa dignité, basée sur un minimum matériel, libérer chacun de ses soucis et de ses dettes), il l'a fait dans une perspective d'urgence : il ne voulait pas mettre sur pied une nouvelle société, mais provoquer chacun à accueillir le Royaume tout proche : l'humanité renouvelée pourrait alors bâtir un univers nouveau.

Pourtant, dans cet appel à un changement des cœurs et des manières de vivre, Jésus montre clairement que le Royaume ne peut pas se satisfaire du monde de son époque : il faut radicalement le transformer. C'est pourquoi quelque chose de cet appel est à reprendre aujourd'hui : permettre à tout homme de poser des actes libres, vraiment libres, avec toutes les conséquences matérielles, culturelles, sociales, politiques que cela implique, ne serait-ce pas révolutionnaire ? N'est-ce pas à nous d'inventer, de créer les moyens de cette liberté ? Serions-nous satisfait d'un Christ qui apporterait une solution toute faite ? Ce que nous lui demandons, n'est-ce pas de placer la barre assez haut pour que notre souci de chaque homme ne se dévalue pas, que jamais on ne puisse se résigner à considérer les hommes comme des moutons, des consommateurs ou des automates ?...

Jésus n'est pas neutre

D'ailleurs, Jésus, dans toutes ses actions, n'est jamais neutre. Certes, il est présent à tous, mais quand il se déplace, c'est pour rencontrer les pécheurs et les exclus ; il vient en priorité pour eux « car les malades ont besoin du médecin[77]. » Certes, il adresse à tous la Bonne Nouvelle, mais avec son Père il se réjouit qu'elle soit « cachée aux sages et aux savants et accueillie par les plus petits[78]. » Quand il constitue le groupe des Douze, il fait appel à des gens du peuple : pas de « docteurs de la Loi », pas de prêtres, pas de personnages en vue, mais des gens « sans instruction, ni culture[79] » (voilà ce qu'en diront bientôt les gens en place).

Neutre, Jésus l'est encore moins dans ses paroles, car s'il parle à tous, il n'adresse pas à tous le même message. Aux uns, il dit : « Heureux, vous les pauvres, car le Royaume de Dieu est à vous[80]. » Aux autres, il annonce : « Il est plus facile à un chameau de passer par le trou d'une aiguille qu'à un riche d'entrer dans le Royaume de Dieu[81]. » Dans le jeu des forces so-

77. Mc 2, 17.
78. Lc 10, 21.
79. Ac 4, 13.
80. Lc 6, 20.
81. Lc 18, 25.

ciales, il a choisi sa place : celle que lui a donnée la vie ; il est avec le peuple.

A cause de ce qu'il a conscience d'être, parce qu'il se sait de Dieu, il refuse le pouvoir politique. Cela même nous dévoile qui est Jésus et ce que Dieu veut être pour l'homme : Dieu est, au cœur de l'homme, au cœur de l'histoire, le rappel incessant de la grandeur de l'homme qui ne peut se satisfaire de l'ordre existant, qui doit toujours lutter pour un monde nouveau. Jésus a vécu ainsi en son temps ; il montre que les pauvres de la société, les exclus, révèlent la face cachée d'un monde mal fait : c'est pourquoi il faut être avec eux ; ils sont moteur de toute transformation, appel à un autre univers. Accepter d'être un Messie politique aurait enfermé Jésus dans un faux rapport aux hommes et au monde[82] ; son action consiste à ouvrir le cœur de l'homme de telle manière que, désormais, toutes ces questions deviennent brûlantes et qu'on ne puisse plus vivre sans y répondre[83].

Sa façon d'agir

Le Christ n'est pas venu établir un nouveau pouvoir, il a suscité une vie nouvelle, une vie qui ne se laisse plus vaincre, ni étouffer par rien. Il n'est pas venu remplacer l'initiative personnelle et collective des hommes, mais il a créé un peuple nouveau, ferment d'une avancée possible pour le monde entier. N'est-ce pas ainsi qu'on peut entendre aujourd'hui cette parole : « Je suis venu apporter le feu sur la terre et comme je voudrais qu'il soit déjà allumé[84]. »

---

82. Jn 18, 33-37.
83. Jn 15, 9-17.
84. Lc 12, 49.

CHAPITRE II

QUE DISAIT-IL ? LE MESSAGE DE JÉSUS

Une présentation originale

Quand on compare les Évangiles à d'autres écrits, on remarque d'emblée le caractère populaire de ces textes : la vie quotidienne y est constamment évoquée. Cela apparaît clairement dans les « paraboles » : il semble qu'on y retrouve une manière de s'exprimer propre à Jésus ; il aimait reprendre un fait, croquer une situation, imaginer une anecdote pour éveiller l'attention de ses auditeurs : cela les mettait en recherche. Ainsi, à l'homme qui demande « Qui est mon prochain ? » Jésus raconte l'histoire, scandaleuse à l'époque, de ce blessé abandonné sur une route ; les responsables religieux, prêtres et serviteurs du Temple ne le regardent même pas ; ils ont peur de contracter une impureté en touchant un cadavre. C'est un Samaritain, un hérétique, qui lui porte secours !... et Jésus d'ajouter : « A ton avis, qui s'est fait le prochain de cet homme, tombé au bord du chemin ?[1] » Toi aussi, cherche dans ta propre vie, suggère-t-il à celui qui lui a posé la question.

---

1. Lc 10, 25-37.

Ainsi, le plus souvent, la parole de Jésus est un appel, plus qu'une doctrine assenée : on peut difficilement en faire un résumé, bien cerné, bien codifié. Les Évangiles nous ont transmis un ensemble de sentences reliées entre elles artificiellement, mais qui laissent transparaître un projet : paroles brèves, vives, faites pour accrocher l'auditeur, elles sont souvent ironiques et teintées d'humour. Elles veulent susciter un esprit éveillé, comme celui d'un enfant : « Cherchez et vous trouverez[2]. » Ce que dit Jésus ne se laisse pas comprendre du dehors ; il faut l'aborder avec une recherche au cœur.

Cela n'empêche pas Jésus de parler avec une grande assurance ; il ne doute pas de ce qu'il dit.Les gens le remarquaient : « Il parle avec autorité et non pas comme les spécialistes de la Loi[3]. » Ceux-ci avaient l'habitude de prouver leur exposé à l'aide de textes de la Bible. Jésus ne se réfugie pas derrière une quelconque autorité : il ne prouve pas ; il parle et c'est tout. C'est à prendre ou à laisser ; certains entament une recherche, d'autres se ferment.

D'ailleurs, Jésus ne se présente pas comme un maître de sagesse, énonçant des formules bien équilibrées pour parvenir au bonheur ; il intervient dans un contexte d'urgence et il se sert de tout pour bousculer ses auditeurs. La plupart des paraboles sont des histoires à scandale, comme celle du « Pharisien » et du « publicain » : il y donne en exemple cette fripouille de prêteur à gages, sans égard pour le Pharisien qui,

---

2. Mt 7, 7.
3. Mc 1, 22.

pourtant, était un fidèle de Dieu, priant, jeûnant, faisant l'aumône[4]... A d'autres occasions, il emploie des formules outrées pour faire réagir : « Celui qui vient à moi, sans haïr son père, sa mère, sa femme, ses enfants, ses sœurs, et même sa propre vie, ne peut être mon disciple[5]. »

UNE DESCRIPTION

La « Bonne Nouvelle »

Jésus annonce une « Bonne Nouvelle » ; les pauvres, les affamés, les doux, les gens au cœur pur, les pacifiques, les disponibles peuvent être heureux[6] : tous ceux que les règles de pureté ont exclus des promesses de Dieu, les voilà au premier rang. « Oui, bien des derniers seront les premiers et des premiers seront derniers[7]. » Le Royaume est pour eux, c'est un trésor[8], une perle précieuse offerte à tous[9] ; le grain a donné cent pour un[10], la moisson abondante appelle de nouveaux ouvriers[11] ; la petite graine est devenue un grand arbre[12] ; les temps sont accomplis : le Royaume est là. Heureux ceux qui ont choisi la meilleure part, comme Marie, la sœur de Marthe, qui laisse tout pour accueillir cette Bonne Nouvelle[13].

---

4. Lc 18, 9-14.
5. Lc 14, 26.
6. Mt 5, 1.
7. Lc 13, 30.
8. Mt 13, 44.
9. Mt 13, 45.
10. Mt 13, 8.
11. Mt 9, 37.
12. Mt 13, 31.
13. Lc 10, 38.

Oui, quelque chose de nouveau est arrivé ; jamais dans le passé cela ne s'était fait : c'est une pièce nouvelle qu'on ne peut coudre sur un vieil habit[14] ; c'est un vin nouveau qu'il faut mettre dans des récipients neufs[15]. Jésus peut énoncer de nouvelles règles : « Moi, je vous dis[16]... ». Il devient inutile de se référer au passé ; par sa présence, Jésus change le vieux monde : il invite à discerner les signes de ce temps nouveau, à la façon dont on sait lire dans le crépuscule le temps qu'il fera demain[17].

Ce message est destiné au plus grand nombre : il faut le proclamer sur les toits[18] ! Dès le début, ceux qui écoutent sont appelés à être le sel de la terre[19], la lumière du monde[20] ; ceux qui rentrent dans le mouvement du Royaume sont une ville éclairée, située sur une montagne[21] : ce qu'ils vivent est une lumière pour tous les hommes. Jésus fait bien sentir que sa parole, quand elle est reçue, est résurrection et vie proposées à l'humanité entière[22] : sa prétention est d'emblée universelle.

Et voici l'heureux message : le monde des hommes est habité par un amour immense, celui du Père ; inutile d'aller ailleurs pour rencontrer Dieu : le Père se fait proche de chacun de nous. Le Père sait nos besoins, pourquoi s'inquiéter et craindre[23] ? Il est en recherche de tous, comme ce père qui attend le retour de son fils perdu[24], comme le berger en quête de sa brebis éga-

14. Mc 2, 21.
15. Mc 2, 22.
16. Mt 5, 22.
17. Mt 16, 2.
18. Mt 10, 27.
19. Mt 5, 13.
20. Mt 5, 14.
21. Mt 5, 14.
22. Jn 11, 25.
23. Mt 7, 7-11.
24. Lc 15, 20.

rée[25]. Le Père travaille ce monde et Jésus aussi[26]. Comme un ami, il se tient prêt à donner à tous ce qui est nécessaire à leur vie[27] ; il embauche pour sa vigne tous ceux qui sont en chômage[28]. Nul ne doit rester dehors[29] : tous sont appelés, pardonnés, accueillis, rétablis dans leur dignité pour devenir capables de vivre vraiment.

Gratuitement, Dieu donne à chacun de quoi vivre d'une vie nouvelle, de quoi bâtir un monde nouveau : à eux de répondre avec la même gratuité[30].

Des choix à faire

En effet, accueillir cet amour du Père, si proche, ne peut qu'entraîner des choix radicaux : il faut naître de nouveau[31], entrer par la porte étroite[32], accueillir le Royaume en petit enfant[33], changer dans les faits et non en paroles comme le demande la parabole des deux fils : celui qui dit non, mais finit par aller travailler à la vigne ; celui qui dit oui mais qui ne bouge pas[34]. Il s'agit de répondre comme les invités à la noce[35], de donner du fruit comme la branche greffée sur une vigne nouvelle[36]. Comme pour construire une tour ou mener une guerre, il est nécessaire de s'asseoir et de calculer, pour regarder les choix que réclame la Bonne Nouvelle[37]. Car suivre cette voie demande de prendre

25. Lc 15, 3.
26. Jn 5, 17.
27. Lc 11, 5.
28. Mt 20, 1.
29. Lc 14, 16-24.
30. Lc 6, 36-38.
31. Jn 3, 3.
32. Mt 7, 13.
33. Mt 18, 3.
34. Mt 21, 28.
35. Mt 22, 1.
36. Jn 15, 5.
37. Lc 14, 28.

sa croix[38], de vendre tous ses biens, d'en faire don[39], d'aimer au-delà du cercle restreint de sa famille[40]. On ne peut plus regarder en arrière, quand on a mis la main à la charrue[41]. Il est bien difficile à des riches d'accepter tout cela car on ne peut pas servir deux maîtres, Dieu et l'argent[42]. Tous les secteurs de vie sont atteints, les rapports entre hommes et femmes[43], le mariage[44], la sexualité[45], tout est à repenser en fonction du Royaume. Ces choix sont impossibles à l'homme seul, ce n'est possible qu'en se plaçant dans le dynamisme du Père[46].

Puisque Dieu donne gratuitement, inutile de prendre les premières places[47], inutile de chercher à se faire remarquer[48] : on doit vivre en vérité, c'est-à-dire sans calcul et sans jugement. Sans calcul : si on organise un festin, ne pas inviter ceux qui peuvent le rendre, mais plutôt des pauvres et des estropiés[49] ; ne pas mesurer son effort, être prêt à faire deux kilomètres au lieu d'un avec un ami[50], faire du bien à tous, même à ses ennemis[51]... Sans jugement : les comparaisons avec les autres sont dépassées, comme l'évoque l'histoire de la paille et de la poutre[52] ; les préjugés sont disqualifiés : ce qui se voit de l'extérieur ne compte pas, mais plutôt ce qui vient du cœur[53] ; la lampe du corps, c'est l'œil[54],

---

38. Lc 9, 23.
39. Lc 18, 18.
40. Mt 10, 37.
41. Lc 9, 61.
42. Lc 16, 13.
43. Mt 5, 27-28.
44. Mt 19, 1-9.
45. Mt 19, 10-12.
46. Lc 18, 27.
47. Lc 16, 15.
48. Mt 6, 1.
49. Lc 14, 12.
50. Mt 5, 41.
51. Mt 5, 43.
52. Mt 7, 1.
53. Mc 7, 14.
54. Mt 6, 22.

c'est le regard : la façon dont je regarde les autres montre ce que j'ai dans le cœur ; s'il y a en moi l'amour du Père, je saurai les voir avec le même amour. Et Jésus apostrophe avec véhémence tous ceux qui prétendent en savoir plus que les autres, être plus justes que les autres[55] ; avec dureté, il s'en prend ainsi aux spécialistes de la Loi et aux Pharisiens, tandis qu'il annonce que « publicains et prostituées », qui sont pécheurs et qui le reconnaissent, seront les premiers dans le Royaume[56].

Le commandement nouveau

Ce changement du cœur, de la manière de voir et de vivre, se trouve résumé dans le « commandement nouveau » : « Aimez-vous les uns les autres comme je vous ai aimés[57] » ; ou encore : « Tu aimeras le Seigneur ton Dieu de toutes tes forces... et ton prochain comme toi-même[58] » ; ou ailleurs : « Tout ce que vous voulez que les hommes fassent pour vous, commencez par le faire vous-mêmes pour eux[59]. » Agir ainsi, c'est bâtir sa maison sur le roc[60], car vivre avec Dieu ne consiste pas à dire : « Seigneur, Seigneur[61] », mais bien plutôt à accueillir en soi la manière de faire de Dieu : comme le Père s'est rendu proche par Jésus, maintenant il s'agit de toujours faire le premier pas[62], devenir le prochain de tous, aller se réconcilier avec

---

55. Mt 23, 13-32.
56. Mt 21, 31.
57. Jn 15, 12.
58. Lc 10, 27.
59. Mt 7, 12.
60. Mt 7, 24.
61. Mt 7, 21.
62. Mt 5, 25.

celui qui a quelque chose contre soi[63] ; alors notre vie sera une louange pour le Père : « Soyez parfaits, comme votre Père est parfait[64]... Lui fait lever son soleil sur les bons et sur les méchants[65]. »

Le nouveau commandement précise bien qu'il faut aller jusqu'à « aimer ses ennemis[66] », et il y en aura ! En fait, le Royaume, ce monde nouveau dans le dynamisme de l'amour du Père, se heurtera à des résistances ; ce ne sera pas la paix sur la terre, mais la division jusque dans les familles[67]. Personne ne renversera ce vieux monde sans se battre contre les forces qui l'habitent et sans les maîtriser, en soi et autour de soi : il faut ligoter l'homme fort, s'emparer de son domaine[68] ; la vigne a été confiée à des meurtriers, il faut la reprendre[69]. Veiller sur la maison[70], se garder des faux prophètes[71], voilà des conseils pour la lutte : les ennemis iront jusqu'à tuer[72]. Jésus rappelle que le disciple risque de connaître le même sort que lui : « Ce qu'ils m'ont fait, il vous le feront aussi[73] .» Jésus en croix, il faut apprendre la parole de pardon : « Père, pardonne-leur, ils ne savent pas ce qu'ils font[74]. » En effet, le combat n'est pas à mener contre les hommes, même s'ils sont complices, mais contre ce qui les écrase, les trompe ou les enchaîne.

---

63. Mt 5, 23.
64. Mt 5, 48.
65. Mt 5, 45.
66. Mt 5, 44.
67. Mt 10, 34.
68. Mt 12, 29.
69. Mt 21, 33.
70. Lc 12, 37.
71. Mt 24, 23-25.
72. Mt 10, 16 ; 24, 9-13.
73. Mt 10, 25.
74. Lc 23, 24.

Vivre ensemble

Pour le groupe des disciples, Jésus souligne l'importance de vivre ensemble : ils ont à se prendre en charge, à manifester ensemble le visage de Dieu[75]. Aussi, il les veut libres pour la mission[76], rusés comme des serpents, simples comme des colombes[77] ; ils ont reçu ensemble des talents pour les faire fructifier[78] ; qu'ils soient des serviteurs fidèles, donnant à chacun sa nourriture en temps voulu[79]. En répondant à la Parole, ils sont devenus la famille de Jésus, ils sont ses frères, ses sœurs, et sa mère[80]. Leur vie entre eux ne peut qu'être fraternelle ; le premier est celui qui se met au service de tous[81] : entre eux, pas de titres, on n'appelle personne Père, Maître ou Spécialiste[82] ; la mise en commun remplace la compétition individuelle.

Par tous ces enseignements, Jésus révèle qui il est. Ce qu'il dit du Père, il le reprend souvent à son propre compte : lui aussi est ce berger à la recherche des brebis[83]... Il fait remarquer que sa présence est plus importante que celle de Jonas et de Salomon (deux grands personnages du passé)[84]. Il compare les gens de son époque à des gamins incapables de comprendre ce qui se passe, parce qu'ils jugent sur l'extérieur[85]. On s'interroge sur ce qu'il est : « Qui est-il pour parler de cette façon-là[86] ? » Et lui-même provoque parfois

---

75. Mt 18, 19.
76. Mt 9, 9.
77. Mt 10, 16.
78. Mt 25, 14.
79. Mt 24, 45.
80. Mt 12, 48.
81. Mt 20, 24.
82. Mt 23, 8.
83. Jn 10, 11.
84. Lc 11, 31.
85. Mt 11, 16.
86. Mc 1, 27.

la question à laquelle chacun doit donner un jour une réponse : « Pour vous, qui suis-je[87] ? »

EN POURSUIVANT LA RÉFLEXION

Attentif à la vie

La façon dont Jésus s'exprime nous invite à renouveler notre façon de chercher Dieu : souvent, nous nous égarons très loin. Or, ce qui parle bien de Dieu, ce ne sont pas les belles définitions, mais c'est la vie des hommes ; l'attention d'un berger, l'amour d'un père, le souci d'un vigneron nous en disent plus long sur Dieu que des idées bien élaborées[88]. L'idée enferme Dieu dans un cadre : elle en fait un Dieu mort. La vie nous met en présence de Quelqu'un à découvrir : percer son secret, le connaître toujours plus, voilà l'invitation qui nous est faite.

Traditionnellement, on comparait Dieu à un berger ; Jésus nous montre que c'est un berger bien particulier : une seule brebis perdue compte plus à ses yeux que les quatre-vingt-dix-neuf restées dans la bergerie[89]. Le Christ nous invite ainsi à discerner dans toute réalité ce qu'elle porte du visage de Dieu ; avec

---

87. Mc 8, 29.
88. « Nous en apprenons beaucoup sur Dieu chaque jour, en même temps que les copains. Nous cheminons avec eux, au coude à coude, aussi bien dans le combat ouvrier que dans la découverte de Dieu. C'est la vie ordinaire, l'action, les échanges quotidiens qui nous font progresser ensemble vers Dieu qui prend l'initiative de venir à notre rencontre... »« Je voulais faire connaître Jésus-Christ, dit un militant, et je l'ai découvert grâce aux autres. »
Ainsi s'exprime l'ACO dans *Chercheurs de Dieu*, p. 66.
89. Mt 18, 12-14.

lui, le monde devient lumière : tout, même la vie la plus banale, la plus quotidienne est une parole que Dieu nous adresse, et, finalement, en explorant le cœur de l'homme, en approfondissant la vie et le monde, on entre dans le secret de Dieu.

Dans la joie

Un autre aspect, souvent oublié, c'est la joie : Jésus parle dans un climat de fêtes, de noces, de banquets : ce n'est pas le moment de jeûner, de faire grise mine. Pourquoi ? Parce que Dieu et sa puissance de renouvellement habitent son peuple. L'univers nouveau de Dieu, celui que les hommes cherchent à construire n'est plus une espérance lointaine ; il est là à notre portée. Désormais, cette joie-là, nul ne pourra l'étouffer[90], car Jésus est allé jusqu'à la croix et en lui la vie a triomphé définitivement[91] : l'amour de Dieu s'est proposé en Jésus, et, refusé par sa génération, il ne s'est pas repris.

L'homme, c'est sacré !

Paradoxalement, en nous parlant de Dieu, Jésus donne à l'homme une place centrale : dans ce monde, un seul être est sacré, c'est l'homme. Dieu est atteint, Dieu est touché par tout ce qui arrive aux hommes : « C'est à moi que vous l'avez fait[92]. » Parce qu'il est attentif à chacun, Jésus se heurte aux tenants de la Loi, de la religion, de la tradition, de la nation. Là où il voit

---

90. Jn 16, 21-22.
91. Jn 16, 33.
92. Mt 25, 40.

un paralysé qui souffre, une femme méprisée..., les autres ne retiennent que la loi du sabbat à respecter, que la Loi de Moïse à appliquer : alors Jésus affirme que le service des hommes est le seul chemin qui mène à Dieu. En ce monde, on ne rencontre Dieu qu'à travers son image qui est l'homme. En Jésus même, Dieu ne s'est fait connaître qu'à travers le charpentier de Nazareth. « Personne n'a jamais vu Dieu, seul son Fils unique nous l'a fait connaître[93]. » Dieu et les hommes sont liés de telle manière que rien ne pourra plus les séparer. Jean, le disciple de Jésus, l'écrit dans une lettre : « Celui qui dit : "J'aime Dieu" qu'il ne voit pas et qui n'aime pas son frère qu'il voit, c'est un menteur[94]. »

Le pardon

Un mot revient souvent dans la bouche de Jésus, et le risque est grand de mal le comprendre : il s'agit du « pardon[95]. » Il a tellement pris une résonance étroite et individuelle. C'est pourtant, à bien y regarder, la démarche la plus créatrice et la plus révolutionnaire. Pardonner, c'est rompre l'enchaînement des causes : un mal appelle une vengeance ; cette vengeance elle-même déclenchera une réaction et ainsi de suite. Le pardon introduit du neuf : il va puiser son énergie non pas dans la haine que provoque le mal qui a été fait, ce qui serait l'attitude normale, mais à une autre source ; il est une création parce que l'amitié a remplacé la haine. Il est un comportement libre et créateur ; se

93. Jn 1, 18.
94. Ire lettre de Jean, chap. 4, 20.
95. Mt 6, 12-15 ; 18, 21-25 ; Lc 6, 27-36 ; 7, 47 ; 23, 34.

venger, c'est se laisser dicter sa conduite par l'adversaire (œil pour œil, dent pour dent[96]), pardonner, c'est donner naissance à de nouveaux rapports librement choisis.

Jésus s'est présenté comme le pardon de Dieu pour les hommes : une amitié offerte d'une manière inattendue, une amitié refusée à la croix, une amitié de nouveau et pour toujours proposée par la résurrection du Christ. Si le Christ n'était pas ressuscité, le pardon serait une démarche absurde, une démarche de mort, alors qu'elle est source de renouvellement.

Démarche révolutionnaire, le pardon brise le cercle infernal du mal. Il invente un monde où personne n'est définitivement classé, perdu, enfermé dans sa haine, sa faute ou son désespoir. Le pardon ne consiste pas à laisser lâchement l'agresseur continuer sa domination, ni à prêcher la soumission à l'exploité ; il libère pour chercher les vraies causes qui font de quelqu'un un oppresseur, un bourreau ; il rend lucide pour s'attaquer aux vrais combats, alors que la haine, le mépris, le ressentiment aveuglent. Il donne à nos luttes la seule énergie qui puisse bâtir un monde vraiment neuf : c'est-à-dire l'amour et non pas la haine.

Originalité du message du Christ ?

Finalement, à bien le considérer, le message de Jésus ne semble pas très original, ni très nouveau ; ce qu'il exprime a été porté par beaucoup d'hommes dans l'histoire : aimer les autres, dénoncer l'hypocrisie,

---

96. Mt 5, 38-42.

lutter contre le mal... Peut-être le caractère radical de certaines propositions va-t-il plus loin ? Pourtant ce qui fonde l'originalité du message est plutôt à chercher dans un certain climat qui baigne tout ce qui est proposé.

Ainsi le message de Jésus ne vise plus à mettre l'homme en face de directives à appliquer, mais à le situer dans un monde de personnes, de frères. Les règles de conduite prennent consistance si elles servent vraiment l'épanouissement de tous et de chacun. Jésus n'impose pas de meilleures recettes, des exigences plus raffinées, il montre que dans toutes les situations il y a un frère à respecter, à faire grandir, à sauver et que cela seul importe. « Est-il permis, le jour du sabbat, de faire du bien ou du mal, de sauver la vie ou de la perdre[97] ? » Voilà une des questions essentielles à se poser.

D'autre part, le message suppose une prise en charge collective des exigences proposées : le disciple n'est pas seul face aux commandements nouveaux. Il est invité à vivre en « fraternités » où on portera ensemble le poids de la vie et les appels de la mission. Paul traduira cet aspect du message par l'image du corps ou du bâtiment à construire : « Tout est permis, mais tout ne construit pas : ne cherche pas ton intérêt, mais celui des autres[98] », ou ailleurs : « Bien que nous soyons plusieurs, nous ne formons qu'un seul corps dans le Christ et nous sommes membres les uns des autres[99]. » On ne peut donc répondre pleinement à la

---

97. Mc 3, 4.
98. Ire lettre aux Corinthiens 10, 23.
99. Lettre aux Romains 12, 5.

Bonne Nouvelle qu'en acceptant le soutien et la provocation des autres : pas moyen d'être disciple du Christ tout seul !

Jésus, enfin, ne s'adresse pas à une élite, à quelques hommes choisis : son appel rejoint chacun là où il en est pour lui proposer l'expérience d'une vie nouvelle ; il n'y a plus de privilégiés ; pourquoi ? parce que Dieu a décidé de repartir à neuf : une nouvelle alliance, une amitié donnée gratuitement, sans tenir compte du passé, sont proposées à tous. Son message n'est pas un code de loi pour des champions de moralité, il est un chemin de vie ouvert à tous : « Mes paroles sont esprit et vie... personne ne peut venir à moi sinon par un don du Père[100]. » Or, le « don du Père » est largement répandu : Jésus en témoigne dans ses actions et dans ses paroles ; bien plus, en ressuscitant, il ouvre des perspectives inattendues : une vitalité que rien ne peut désormais détruire a pénétré notre monde.

Alors, quel climat de joie universelle que celui de la Bonne Nouvelle ! « Heureux les gens qui voient ce que vous voyez ! Oui, je vous le dis, beaucoup ont voulu voir ce que vous voyez et ne l'ont pas vu ; entendre ce que vous entendez et ne l'ont pas entendu ![101]. »

---

100. Jn 6, 63-65.
101. Lc 10, 24.

DES QUESTIONS

Aujourd'hui, bien des hommes de par le monde sont confrontés à une lutte difficile, et le commandement d'aimer son prochain et ses ennemis peut paraître inadapté à la situation. Cela, d'autant plus que dans la mémoire collective des peuples opprimés on a gardé bien vives les humiliations, les hypocrisies d'une soi-disant charité exercée par la bourgeoisie chrétienne. Amour et lutte pour la justice, comment s'y retrouver ?

Amour et lutte pour la justice

Ce qu'on a pu dire du pardon permet déjà d'y voir plus clair : le commandement d'amour jusqu'au pardon donne un sens positif à la lutte. A la racine de la lutte, il y a souvent la révolte, la colère, parfois la haine. Si Jésus se retrouve de temps en temps du côté de la colère, il n'est jamais du côté de la haine. D'ailleurs le mouvement social et les mouvements de libération dans le monde ne sont pas restés campés sur des positions de départ : ils ont élaboré peu à peu une doctrine. Il ne s'agit plus de regroupements de révoltés, mais d'hommes proposant une autre conception de la vie sociale ou internationale. Or, un système doit prendre en compte l'ensemble de la réalité. La lutte pour la justice se définit donc en fonction d'une vision positive de la société : l'oppresseur est lui-même un être à libérer, car l'oppression qu'il fait peser sur les autres le mutile aussi. Lui permettre, même par une révolution, de quitter cette position, c'est l'aimer en vérité ; lui ouvrir les yeux sur sa situation, même dans des affrontements difficiles, c'est encore l'aimer[102].

« La lutte que nous menons pour la libération des travailleurs est également une action en faveur de la libération de tous les hommes. La lutte des classes existe ; se trouver du côté des opprimés signifie qu'on s'oppose aux oppresseurs. Mais nous constatons que les oppresseurs doivent aussi être libérés, car eux aussi sont asservis par la situation en tant qu'exploiteurs. La foi ne nous dit pas que nous n'avons pas d'ennemis, mais elle nous dit de les aimer[103]. »

Combien le commandement d'amour a été défiguré par une conception paternaliste ! Aimer à la manière du Christ, ce n'est pas d'abord vibrer sentimentalement à la misère des autres, les assister de l'extérieur. Au contraire, il s'agit de vivre avec, de porter ensemble le poids du jour. Aimer, c'est permettre à chacun de se lever, de devenir responsable et créateur. Faire à la place des autres, donner de l'extérieur, n'a rien à voir avec le commandement d'aimer. On n'a vraiment aimé que si on a permis que l'autre devienne libre, capable à son tour d'entrer dans la dynamique de l'amour. Le paternalisme engendre la bonne conscience d'un côté, la rancœur et l'asservissement de l'autre ; l'amour rend égaux et frères.

---

102. « Notre lutte contre le capitalisme ne se situe pas au niveau de la bonne et la mauvaise volonté des patrons, mais à celui d'une société à engendrer, à transformer... il ne s'agit pas de sentiments, mais d'un combat politique contre un adversaire. La lutte des classes n'est pas du domaine du ressentiment personnel. Je n'en veux pas à un patron en tant que personne ; mais en tant qu'adversaire de classe, je le combats, un point c'est tout... Et puis, n'est-il pas lui aussi victime et lui aussi aliéné, par ce système du fric ? » (*Syndicaliste en liberté*, pp. 78-83 ; Declercq).
103. Rapport d'orientation JOC, nov. 76.

A propos de l'argent

De la même façon, au premier abord, l'enseignement de Jésus à propos de l'argent peut paraître sentimental : il ne fait pas l'analyse des causes, ni des rapports de production ! Qu'en est-il ?

D'abord Jésus emploie le langage de son époque et, à ce titre, on ne peut lui demander de répondre à des questions qui ne se posaient pas. Même s'il l'avait fait, ses paroles ne nous seraient pas parvenues : les témoins ne les auraient ni comprises ni retenues. Cette remarque est valable pour bien d'autres questions que nous nous posons aujourd'hui.

De plus, Jésus parle dans un contexte d'urgence : le Royaume est là tout proche ; il ne s'agit pas pour lui de bâtir une organisation monétaire plus juste, mais de provoquer chacun à se libérer de ce qui l'empêche de dire « oui » au Royaume et parmi ces obstacles, Jésus insiste sur l'argent, que ce soit une trop grande richesse ou une misère trop écrasante.

Jésus enfin ne pense pas à la place des hommes. Quand il refuse de prendre le pouvoir, il refuse aussi de dire une parole magique, remède-miracle adapté à toutes les situations ! Il souligne que dans le maniement de l'argent se joue quelque chose d'important pour les hommes et donc pour Dieu. On ne peut pas faire semblant de s'en désintéresser : parce que cela touche aux relations entre les hommes, au partage, à la dignité et à la vie, Dieu est directement concerné.

Si Jésus a beaucoup parlé de l'argent, il dénonce surtout les conséquences de son utilisation : l'argent est un maître implacable[104], il réclame qu'on ne pense

104. Lc 16, 13.

qu'à lui[105] ; il rend insensible à ses frères et donc sourd à la Bonne Nouvelle[106] : c'est pourquoi il bloque l'entrée du Royaume[107]. L'argent est fondamentalement malhonnête[108], car on peut difficilement être en possession d'une fortune et prétendre qu'elle n'a pas une injustice pour origine[109] : cet argent accumulé risque bien d'avoir été de l'argent volé un jour ou l'autre. L'attitude normale de celui qui adhère au mouvement du Royaume consiste à donner sa fortune en partage[110]. Les premières communautés l'avaient traduit concrètement en mettant tous leurs biens en commun[111].

Jésus demande aux croyants de chaque époque de regarder, avec leur analyse du moment, cette importante question, car en tout temps et sous des formes variables « on ne peut servir Dieu et l'argent[112]. »

Une morale ?

Ainsi, le message du Christ ne se présente pas d'abord comme une morale : il ne propose pas une image type à imiter, un ensemble cohérent de règles à appliquer pour trouver le bonheur, pour bâtir une société parfaite.

Il n'est pas non plus une doctrine, une « idéologie », une explication du monde qui rendraient compte de toutes les réalités et apporteraient une solution à tous les problèmes.

---

105. Lc 12, 16-21.
106. Lc 16, 10-20.
107. Mt 19, 16-24.
108. Lc 16, 10-11.
109. Lc 19, 1-10.
110. Lc 14, 33.
111. Ac 2, 44-47.
112. Mt 6, 24.

Il est la proposition, d'une personne vivante à d'autres personnes vivantes, d'entrer en dialogue : on ne sait pas à l'avance jusqu'à quelles exigences et à quels choix de vie cela va nous entraîner ; on ne sait pas non plus à quelle compréhension du monde cela va nous ouvrir. Tout dépend de la profondeur du dialogue. Le message du Christ nous met en face de quelqu'un qui nous fait signe, de quelqu'un qui aime : dans ce dialogue, il nous invite à la vie, à la joie, à créer, avec lui et avec tous, un monde nouveau que nous inventerons ensemble dans l'enthousiasme. Il nous pousse à devenir créateurs de notre propre histoire.

C'est une conversation, un partage qui prend sa source dans la vie quotidienne, en toute personne rencontrée, en toutes choses découvertes. A cause de cette présence que Jésus nous a fait découvrir, le monde des croyants, même s'il reste dur et difficile comme aux autres hommes, est gorgé d'espoir : il débouchera tôt ou tard sur un univers renouvelé totalement. Notre vie pour toujours, ce sera d'y avoir travaillé avec le meilleur de nous-mêmes. Notre joie d'aujourd'hui, c'est de pouvoir déjà se dire comment chaque chose de l'existence, même la plus petite et la plus banale, est une pierre qui a sa place dans la nouvelle construction.

Notre espérance, c'est que ce monde nouveau n'est pas un rêve : il prend déjà corps dans les moindres gestes de justice, de partage, d'amour ; il existe déjà en Jésus-Christ vivant, premier élément de l'univers renouvelé, et en tous ceux qui vivent et ont vécu le même don à leurs frères.

CHAPITRE III

QUE VOULAIT-IL ? LE PROJET DE JÉSUS

UNE DESCRIPTION

Décrire ce que Jésus voulait demande qu'on puise à la fois dans ses paroles et dans ses attitudes, choix et refus : on sera donc amené à reprendre des aspects déjà présentés. Là, plus qu'ailleurs, ce que les premières communautés ont retenu et souligné colore sensiblement ce qu'on peut saisir du projet du Christ ; il faudra y être attentif.

Rassembler tous les hommes dans le mouvement du Royaume

Jésus prend les moyens de rassembler le maximum de personnes dans le mouvement du Royaume : il proclame la Bonne Nouvelle partout[1], il s'adresse aux foules et non à quelques initiés[2], il vise toutes les catégories de son époque ; aucun n'est exclu de l'appel à se rassembler ; bien plus, il se déplace pour rejoindre

1. Mc 1, 36-39 ; 3, 7-8.

2. Mc 2, 7-10 ; 3, 21.

les plus écrasés, ceux qui peinent sous le poids de la vie ou de leurs fautes[3] ; l'invitation est adressée aux individus rencontrés, mais aussi aux villes prises comme un ensemble et il s'étonne de leur réponse négative[4] ! Pourtant, il manifeste une patience à toute épreuve et invite ses disciples à faire de même, lorsqu'il raconte la parabole du blé mêlé à la mauvaise herbe[5] et celle du figuier dans la vigne[6] : avant de prononcer un jugement définitif, il convient d'être patient.

Toujours dans le même souci, il s'exprime pour que tous puissent comprendre ; d'où ces « paraboles » tirées de la vie quotidienne. Il « parle » aussi par ses actes : guérisons et pardon rendent libre pour rejoindre le Royaume. L'invitation est lancée ; on ne peut remettre les décisions au lendemain : paroles incisives, actes provocateurs, tout incite à prendre parti aujourd'hui. A attendre on ne sait quoi, au lieu de se décider, on risque de rester en dehors du rassemblement, en dehors de la nouvelle vie proposée à tous.

Ce Royaume n'est d'ailleurs pas quelque chose de tout fait : il n'est pas un lieu où se rendre, une récompense à gagner, ni un chef à qui se rallier. Jésus refuse d'être roi à la manière des hommes[7] ; il se méfie quand on veut donner au Royaume des contours trop précis dans l'espace ou dans le temps[8] : son Royaume n'est pas de ce monde[9]. Jésus souligne que le Royaume est une réalité à accueillir ; à partir de là, un univers

---

3. Mt 11, 28-30.
4. Lc 10, 13-16 ; Mt 23, 37-39.
5. Mt 13, 24-30.
6. Lc 13, 6-9.
7. Jn 6, 15.
8. Lc 17, 22-37.
9. Jn 18, 36.

nouveau peut se bâtir ensemble, mais il faudra briser bien des égoïsmes, bien des obstacles pour le réaliser. C'est pourquoi Jésus a conscience que ce message d'unité n'apportera pas nécessairement la paix[10].

Ce Royaume, c'est aussi le Règne de Dieu, c'est-à-dire Dieu devenant la mesure de toutes choses. Nul ne peut prendre sa place et réclamer l'adhésion absolue qui n'est due qu'à lui. Avec Dieu comme seul interlocuteur, l'homme est donc délivré de tout totalitarisme.

Le pouvoir politique ne peut plus réclamer une obéissance sans failles. Il est une œuvre humaine, soumise au jugement de ses administrés. Malgré ses innombrables tentatives pour se parer d'un pouvoir divin, tôt ou tard il sera relégué à sa vraie place : celle d'un gestionnaire qui doit rendre des comptes.

Mais le pouvoir religieux est aussi mis en cause. Si Dieu règne sur son peuple, nul ne peut s'interposer entre lui et son peuple. Les responsables religieux, Jésus les décrits comme des serviteurs, serviteurs de la rencontre de Dieu et des hommes ; ils sont jugés par la Bonne Nouvelle qu'ils annoncent. Les premières communautés chrétiennes ont compris ainsi les nombreuses paraboles où Jésus met en scène des intendants, des gestionnaires, des serviteurs auxquels un maître confie sa maison.

Ouvrir les derniers temps de l'humanité

En appelant ainsi à rallier le Royaume, Jésus déclare qu'il inaugure une période nouvelle de l'histoire de l'humanité : ce sont les « derniers temps ». Les

10. Lc 12, 51.

témoins ont compris ces paroles comme l'annonce d'une fin très proche : ils attendaient l'arrivée du monde nouveau pour leur génération ou pour la suivante[11] ; en fait, rien ne s'est produit comme ils l'espéraient ; comment comprendre cela ?

A part quelques allusions obscures au cours de l'aventure de Jésus, les Evangiles placent ces annonces dans les derniers jours de sa vie, au moment des plus vives discussions avec ses ennemis ; elles se présentent comme des paroles d'espérance adressées aux disciples[12]. Elles évoquent un cataclysme qui frappera l'univers tout entier et qui amènera l'établissement définitif du Royaume et le « retour » du Christ triomphant parmi les siens. Elles invitent aussi le lecteur à un effort particulier de compréhension : derrière les mots, il y a un message plus profond à découvrir[13].

Soleil et lune vont s'obscurcir, les étoiles vont tomber, tremblements de terre, guerres, famines vont ravager la terre : cette façon de s'exprimer est habituelle dans le peuple juif à cette époque pour dire que Dieu intervient dans le monde ; Dieu est tellement grand que son arrivée provoque nécessairement un bouleversement universel ! De nombreux livres en faisaient la description. Jésus ne fait que reprendre les images auxquelles les gens étaient habitués pour leur dire : Dieu vient chez vous et cela mène à un renouvellement total, qui se réalisera avec certitude ; toute l'histoire des hommes peut se comprendre à cette lumière. Quand tout sera rénové, alors paraîtra claire-

11. Mc 13, 30-31.
12. Mc 13 ; Lc 21 ; Mt 24, 1-41.
13. Mc 13, 14.

ment celui qui est à la source de cette transformation : le Christ sera de retour ayant tout rassemblé en lui.

Si bizarres que ces « prédictions » puissent apparaître aujourd'hui, elles éclairent plusieurs aspects de ce que voulait le Christ. D'abord, on voit bien que Jésus ne propose pas comme but à chaque homme un « ciel », sorte de lieu que l'on rejoindrait individuellement après sa mort. Sa visée est autre : elle est collective d'abord ; elle s'intéresse à la construction de l'univers nouveau de Dieu où tous pourront enfin s'épanouir les uns par les autres pour toujours ; c'est possible d'y travailler dès maintenant car l'Esprit de Dieu a envahi le monde des hommes. On peut déjà adopter les nouvelles manières de vivre du Royaume.

D'autre part, ce Royaume est là en germe et on ne peut jamais l'identifier à une réalisation humaine : il est au-delà de nos plus beaux projets qui ont toujours besoin d'être sauvés. L'histoire nous le montre à l'évidence : que de crimes commis au nom du plus bel idéal !

Enfin ces textes nous disent que la victoire est certaine pour l'humanité, pour chacun des hommes et pour l'univers tout entier. La mort peut faire croire pour un moment à la victoire du mal ; en fait, vécue comme celle de Jésus, elle est l'occasion de manifester une pleine confiance au Père qui est fidèle et qui connaît les chemins d'une vie nouvelle pour tous.

Les premiers témoins ont reçu ces perspectives dans une mentalité fixiste : pour eux, les réalités du monde ne pouvaient pas changer. Une transformation viendrait donc d'un bouleversement radical faisant tout exploser ; c'est ainsi qu'ils le décrivent. D'ailleurs, la destruction de Jérusalem par les Romains en l'an 70, suite à la révolte juive, a été pour certains le signe que cela approchait ; pour d'autres, ils virent ce signe dans les premières persécutions contre les chrétiens.

Aujourd'hui, notre mentalité est tout autre : nécessairement le projet du Christ nous apparaîtra un peu différemment. Maintenant et de plus en plus, les hommes peuvent bâtir leur destin ; ils savent que tout a une cause et qu'on peut agir sur ces causes. Des certitudes scientifiques et techniques leur donnent l'assurance qu'on peut transformer ce monde. Ainsi le « retour » du Christ est-il moins quelque chose à attendre que le but que vise la construction d'une humanité nouvelle. Chaque jour, nous construisons le Corps du Christ, nous hâtons son « retour » en travaillant à la naissance de l'univers nouveau de Dieu.

Organiser le nouveau peuple de Dieu

Au service de ce grand projet, Jésus a voulu dès le début organiser ses adhérents en une communauté vivante : il n'a pas laissé simplement des gens le suivre individuellement ; il a lui-même choisi, appelé à sa suite, des disciples. Luc raconte comment cet appel a retenti à la suite d'une pêche surabondante[14] : Jésus leur avait permis de réaliser cette pêche extraordinaire, pour leur proposer de continuer ce même travail, mais avec des hommes et non plus avec des poissons : rassembler les hommes dans le mouvement du Royaume sera une pêche bien plus intéressante et bien

14. Lc 5, 1-11.

plus abondante ! A partir de là, il les forme par l'action, en leur confiant des tâches précises : proclamer la Bonne Nouvelle à d'autres villages, guérir et faire reculer l'esprit du mal[15] , en un mot, étendre son action[16]. D'abord, Jésus ne les envoie que chez les juifs[17], mais après la résurrection, il les ouvre à une mission universelle : « Allez, enseignez toutes les nations[18]... »

Parmi eux, il met à part les Douze ; ils seront les bases du nouveau peuple de Dieu[19] : leur rôle sera de le conduire à la manière du Christ, c'est-à-dire en se faisant les serviteurs de tous[20]. Jésus prend du temps pour leur donner des explications ; il vit en communauté avec eux et se sert des petits événements quotidiens pour les former dans cet esprit de service. Il donne à Simon en changeant son nom un rôle de « rocher[21] » ; il devra être une base solide pour ses frères[22], il sera la pierre, fondement de son « Église », qui rassemble ceux qui ont répondu à l'appel missionnaire du Royaume.

Lors du dernier repas pris ensemble, après leur avoir donné, dans le pain et le vin partagés, son corps et son sang, il leur demanda de refaire cela en souvenir de lui[23]. Bien sûr, il voulait qu'ils renouvellent gestes et paroles, mais surtout qu'ils entrent dans ce qu'ils signifient : vous aussi, donnez votre corps, versez votre sang, ne ménagez pas votre peine pour la vie du monde[24].

---

15. Mc 6, 12-13.
16. Lc 9, 1-6.
17. Mt 10, 5-6.
18. Mt 28, 18-20.
19. Mc 3, 16.
20. Mc 10, 42.
21. Mt 16, 18.
22. Lc 22, 32.
23. Lc 22, 19.
24. Jn 13, 15.

Par tous ces gestes, par toutes ces paroles, Jésus jette les fondements d'un nouveau peuple avec des éléments d'organisation et des signes de reconnaissance. Mais cette communauté n'a pris réellement consistance que le jour où les disciples ont fait l'expérience que l'Esprit de Jésus les habitait : ils avaient recueilli l'ardeur, la force, le feu dont Jésus vivait. Plongés dans cet Esprit, renouvelés de l'intérieur, ils sont entrés de plus en plus dans le projet du Christ : alors, ils ont consacré leur existence à porter à tous la Bonne Nouvelle. Ils savaient que cela leur avait été remis entre les mains. Aujourd'hui encore, seul cet élan vers le Royaume peut garder l'Église fidèle.

EN POURSUIVANT LA RÉFLEXION

Jésus a été jugé et condamné à mort ; pendant son procès, on l'a accusé de beaucoup de choses : voulait-il être le Messie, roi des juifs ? C'est le motif pour lequel Pilate le condamna et il fit inscrire sur la croix le motif de la condamnation : « Jésus de Nazareth, le Roi des Juifs[25]. » Voulait-il se présenter comme le Fils de Dieu ? La réponse qu'il fit à cette question déchaîna le tribunal juif qui l'envoya à la mort[26]. Voulait-il détruire le Temple, comme le prétendirent certains témoins douteux[27] ? Répondre à ces accusations nous conduira à mieux connaître le projet de Jésus.

---

25. Jn 19, 19.
26. Mt 26, 63-64.
27. Mt 26, 61-62.

Le Sauveur suprême ?

Voulait-il être reconnu comme le Messie, comme le roi des juifs ? C'est-à-dire voulait-il reprendre à son compte l'espérance d'un Messie-Roi qui chasserait l'envahisseur romain, qui formerait un Royaume juif[28] ? au meilleur cas, les autres peuples y seraient invités, pourvu qu'ils adoptent les pratiques juives.

En annonçant le Royaume de Dieu tout proche, Jésus prend le risque qu'on le comprenne ainsi : il emboîte le pas à l'attente inquiète de tout le peuple. A son époque, plusieurs personnages tentèrent de prendre la tête d'une révolte pour reconstituer le Royaume de David. Toutes ces aventures se soldèrent par des échecs retentissants. Aussi Jésus, quand il parle du Royaume, le fait-il d'une manière déroutante : d'abord, il ne s'affirme pas clairement comme le Messie ; quand on le proclame devant lui, il exige le silence[29] : jamais il n'encourage le nationalisme juif : il fréquente au contraire des gens douteux comme les Samaritains[30] ou les publicains ; il réclame l'amour des ennemis[31] ! Enfin, au lieu de s'appuyer sur les forces saines de la nation, sur ceux qui ont donné des preuves de leur fidélité à la cause de Dieu comme les Pharisiens, les Zélotes et autres groupes fervents, il va chercher des ignorants, des pécheurs[32], des gens compromis avec l'occupant[33] ; vraiment de bien curieuses méthodes pour instaurer le Royaume pur et dur dont on rêvait !

---

28. Lc 24, 21 ; Mt 20, 21 ; Ac 1, 6.
29. Mc 3, 11-12.
30. Jn 4, 1-42.
31. Mt 5, 44-45.
32. Lc 19, 1-10.
33. Mt 9, 9-13.

Clairement, Jésus montre qu'il s'agit pour lui d'autre chose : réduire ce Royaume à une dimension politique, à un peuple, à une catégorie de gens, est à l'opposé de ce qu'il veut. Il veut un monde où Dieu avec sa puissance de vie et d'amour se fasse proche de tous ; il propose qu'un sang nouveau irrigue la réalité tout entière pour lui redonner vie[34]. Le Royaume de Dieu, c'est Dieu devenant vie des hommes ; c'est la fin d'un monde insensé : les opprimés libérés[35], les pécheurs pardonnés[36], la souffrance disparue[37], plus de mort[38], mais une résurrection permanente, d'autres rapports entre les hommes, plus de premiers et de derniers[39], plus de maîtres ni d'esclaves[40], mais un partage, une fête, une joie exaltante[41]. Jésus veut rendre chacun disponible pour accueillir cette nouveauté du Royaume[42]. Le Royaume de Dieu, loin d'être la démission du peuple des hommes entre les mains d'un Messie-Roi, juste et bon dont on attend tout, est un appel, adressé à chacun, à chaque groupe humain, à chaque ville. Que face à l'amour du Père, révélé et tout proche, chacun invente un « oui », porteur d'un amour qui le renouvelle complétement, lui et le monde dont il est responsable.

34. Mt 26, 28.
35. Lc 4, 18-19.
36. Jn 8, 1-10.
37. Jn 5, 9.
38. Mc 5, 39-42.
39. Lc 13, 30 ; Lc 14, 7-11.
40. Mt 23, 8.
41. Mt 22, 2.
42. Lc 13, 10-17.

Fils de Dieu ?

Voulait-il être reconnu comme Fils de Dieu ? Beaucoup de gens à cette époque prétendaient à ce titre, ne serait-ce que l'empereur de Rome ! Cela consistait le plus souvent à imposer sa volonté sans explication, à exiger des marques de respect, de vénération et d'adoration inouïes. Bien sûr, il fallait y ajouter des offrandes, des dons en nature, en argent, en or. La venue d'un tel « Fils de Dieu » marquait, disait-on, le début d'un âge d'or, mais c'était surtout vrai pour lui !

De telles pratiques étaient insupportables à une mentalité juive : Dieu était pour eux le Tout-Autre : personne ne pouvait prétendre le représenter[43]. Jésus, en pardonnant les péchés[44], en énonçant d'autres règles que celles de la loi de Moïse[45], touche à des domaines réservés à Dieu. Pourtant chez lui nulle trace d'exigence et de domination[46] : reconnaître qu'il est Dieu ne consiste pas à se courber sous la Loi, mais à accueillir sa puissance de renouvellement pour se dresser et vivre enfin[47]. En Jésus meurt l'image d'un Dieu dont la puissance consisterait à écraser l'homme. Jésus nous fait connaître un Dieu, ami des hommes, qui se réjouit de voir l'humanité se libérer[48] et qui met à la portée de tous son Esprit pour qu'ils s'épanouissent totalement et qu'ils deviennent eux-mêmes des fils de Dieu. Dieu n'a pas besoin d'esclaves à genoux, Dieu a envie de rencontrer des personnes, avec qui puisse s'engager un dialogue d'amour. Être Fils de Dieu pour

---

43. Jn 5, 18.
44. Mc 2, 7.
45. Mt 5, 21.
46. Jn 13, 13.
47. Jn 10, 10.
48. Lc 10, 17-22.

Jésus, ce n'est pas s'affubler de privilèges, c'est appeler tout homme à devenir avec lui fils de Dieu.

Détruire ou construire ?

Voulait-il enfin détruire le Temple[49] et tout ce qu'il signifiait ? Des témoins se sont levés à son procès pour porter cette accusation : sachant ce que représentait le Temple comme pouvoir économique, politique et religieux, il n'est pas étonnant qu'on ait épié les paroles et les attitudes de Jésus à ce sujet.

Or, en chassant les marchands du Temple, en proclamant qu'il devait être un maison de prière pour toutes les nations, en prononçant des paroles ambiguës (ce Temple, il pouvait le reconstruire en trois jours,) Jésus donne des arguments à ses adversaires. Mais en fait, pour lui, la question est ailleurs : détruire ou réformer l'ordre ancien ne l'intéresse pas. Il vient faire du neuf[50].

C'est pourquoi, dès le début, il pose les bases d'un nouveau rassemblement ; en choisissant ses disciples, il ne reprend rien de l'ancienne structure religieuse : pas de prêtres parmi les Douze, mais des gens ordinaires[51]. Ce ne sont pas des hommes du culte, mais des envoyés en mission, des appelés à donner leur vie[52]. Ils sont la base d'une communauté fondée sur un appel permanent de Dieu et sur la réponse libre de chacun. Ni eux ni la communauté nouvelle n'ont de privilèges à réclamer : ils sont et elle est au service du Royaume,

49. Jn 2, 18-22.
50. Mc 2, 20-22.
51. Ac 4, 13-14.
52. Jn 15, 16-20.

à l'image du Christ qui lave les pieds de ses disciples, comme un serviteur[53]. Leur rôle : préparer l'humanité entière à accueillir en elle le renouveau. On passait d'une communauté fondée sur l'appartenance raciale, tournée vers son passé, « les fils d'Abraham », à une communauté ouverte, toute tournée vers le monde entier et vers l'avenir du Royaume[54].

Révéler quelqu'un

Quels résultats Jésus voulait-il obtenir ? Ce n'est pas facile de répondre, car Jésus ne s'est pas exprimé clairement sur cette question. Pourtant ce simple fait est déjà une indication. Jésus n'est pas venu apporter un catalogue de réponses toutes faites. Au contraire, dans le récit des tentations, il a chassé l'image d'un Dieu qui dispenserait l'homme de chercher, de créer, de vivre. Tout en lui est appel à la responsabilité, à la création collective, à la libération.

Jésus veut les hommes plus vivants ; il veut le monde plus humain. Pour cela, il nous met en face de son Père ; il nous apprend que le secret de ce monde tient à une personne, à un amour[55]. Tout cet amas d'atomes, ces constellations innombrables, ces espèces infinies d'animaux et de plantes, ces milliards de visages humains, venus ou à venir, tout cela n'a qu'une explication : l'Amour, et c'est en adhérant librement, volontairement, à cet Amour que la joie sera parfaite[56]. Le projet du Christ est de mettre chaque

---

53. Jn 13, 15.
54. Mt 8, 10-12.
55. Jn 17, 1.
56. Jn 15, 15-17.

homme, chaque groupe humain, chaque génération en présence de ce « Père » pour qu'ensemble ils inventent le Monde Nouveau. Alors, quand les hommes collectivement et librement diront oui à l'Amour reconnu, la création tout entière bondira de joie[57]. Pour hâter cette réconciliation qui rendra les gens et les choses tout nouveaux, Jésus annonce le Royaume et en même temps fonde la communauté des appelés : c'est dans le sens du mot « Église » : appelés et envoyés pour cette mission de réconciliation universelle[58].

Le Christ fait entrevoir le plan de Dieu à travers les mots et les réalités de son temps. Déjà les premières communautés chrétiennes avaient approfondi ce message : nous en retrouvons la trace dans nos Évangiles. Mais plus que d'autres, Paul et ses compagnons ont cherché à comprendre ce projet que Jésus est venu nous révéler : leurs lettres témoignent de leur profonde réflexion. Aujourd'hui aussi, les hommes sont invités à approfondir le plan de Dieu en fonction de la réalité actuelle, à créer collectivement les conditions de sa réalisation et à en vivre déjà toute l'espérance.

QUELQUES PRÉCISIONS

Évangile et projet de société

Aujourd'hui les hommes sont confrontés à des questions nouvelles ; ils se sont forgés peu à peu diverses conceptions de la société : libéralisme, capi-

---

57. Jn 16, 20-23.
58. Lettre aux Colossiens 1, 20-21.

talisme, social-démocratie, socialisme,... Derrière ces appellations se sont élaborés des systèmes assez divers. A partir de là, les croyants s'interrogent pour découvrir les liens entre ces projets de société et l'espérance formidable du Royaume.

D'abord, pour éviter toute simplification, constatons que les Évangiles sont incapables de se prononcer sur une vision des choses élaborée deux mille ans plus tard. Vouloir déduire un système social de ce que nous rapportent les Évangiles est une naïveté, ou une tentative de récupération. Quelques textes de travailleurs croyants, organisés en mouvement prennent clairement position par rapport à ce point.

« Présenter un projet d'organisation de la société comme la mise en pratique de l'Évangile représente un blocage politico-religieux que nous refusons[59]. »

« La foi ne nous dit rien sur la société à construire ni sur la façon d'y arriver. La foi ne peut pas être mise au niveau d'une idéologie ; il n'y a pas de projet de société chrétienne[60] ».

« Il y a la tentation de vouloir mettre "Dieu à ses côtés" ; la foi passe avant et va bien au-delà de nos projets humains[61] ».

Débarrassés de ces fausses pistes, on peut se remettre devant des convictions : « Dieu se manifeste dans les affaires des hommes, toutes les affaires ; rappe-

---

59. Témoignage ACO n°251, novembre 1976.
60. Rapport d'orientation du 52e Conseil national de la JOC (novembre 1976).
61. Rapport d'orientation du 47e Conseil national de la JOC (juillet 1972).

lons-nous que nous devons l'y rejoindre[62]. » Cette recherche est une exigence pour tout croyant : aussi pourquoi s'étonner que dans les efforts pour mettre en place une société plus juste, plus accueillante à tous, des hommes et des femmes fassent l'expérience de la rencontre de Dieu.

« Nous constatons certaines résonances entre les efforts de libération de la classe ouvrière et la Bonne Nouvelle que Dieu révèle aux hommes et à laquelle nous adhérons[63]. »

Il est sûr que l'attitude de Jésus face aux exclus de son époque reste une lumière pour toute construction de société. L'accès de tous à la santé et à la culture, sans discrimination, la promotion de la dignité de tout être, le rôle du pouvoir comme service et non comme domination ne sont pas des choix accessoires. Par de multiples aspects, le message évangélique interroge les projets de société.

C'est pourquoi nous sommes sûrs que se vivent là des éléments importants du projet du Royaume. Oui, car « nous sommes appelés à changer le monde pour le rendre conforme à l'alliance que Dieu propose à l'humanité[64]. » Travailler à un univers nouveau, ne pas se satisfaire de l'ordre social existant, n'est-ce pas une étape sur la route de la « grande réconciliation » qui ne se fera pas sans que change ce monde ?

Pourtant la proposition de Dieu ne s'épuise pas dans la mise en œuvre d'une société plus juste. D'abord

---

62. Rapport moral ACO, mai 1974.
63. Rapport d'orientation ACO, mai 1974.
64. Rapport d'orientation ACO, mai 1974.

parce que « nous savons qu'il y a des limites aux résultats que nous obtenons par la lutte. Aucune révolution, aucun système économique, politique ou social ne peut résoudre le mystère de la mort[65]. »

« La Bible lance toujours un défi au *statu quo*, car elle invite les chrétiens — alors que ceux-ci sont pleinement engagés à construire la société — à remettre en question tout système... L'espérance chrétienne ne cesse de remettre en cause nos réalisations, car elle se fonde sur une promesse qui dépasse les limites de nos projets d'homme[66]. »

Constater que tout projet de société est une construction d'hommes, refuser d'en faire quelque chose de totalitaire ne relativise pas l'engagement social, mais fournit au contraire l'occasion d'une prise au sérieux, pour améliorer sans cesse l'analyse des situations et leurs perspectives de réalisation.

Bien plus, les Évangiles nous invitent à l'initiative : ce dynamisme, s'il n'est pas en concurrence avec l'engagement dans des réalités humaines, doit avoir ses propres manifestations. « Les motifs humains qui animent les jeunes travailleurs engagés dans la lutte acquièrent une richesse supplémentaire quand ces jeunes travailleurs savent que l'amour du prochain qu'ils partagent dans la lutte rejoint l'amour de Dieu[67]. » Permettre à tous la découverte du Dieu vivant pour que leur vie en soit illuminée réclame de l'invention et de la recherche. « Pourrions-nous garder

---

65. Rapport d'orientation JOC, novembre 1976.
66. Rapport d'orientation JOC, novembre 1976.
67. Rapport d'orientation JOC, novembre 1976.

pour nous seuls la grande nouvelle de l'amour de Dieu et du salut en Jésus-Christ ?[68] ».

Un texte de Jean Jaurès écrit en 1891 témoigne de convictions bien proches : « Je suis sûr, au fond des revendications d'absolue justice, même quand elles se croient matérialistes ou athées, de retrouver Dieu... Les vrais croyants sont les ouvriers qui veulent abolir l'exploitation de l'homme par l'homme, et par suite, les haines d'hommes à hommes, de race à race, de nation à nation, toutes les haines, et créer l'humanité qui n'est pas encore... De cette passion de l'humanité, quelque chose sortira qui sera plus grand que l'humanité elle-même et de l'ardente nuée humaine jaillira un éclair divin[69] ».

La prière

A la recherche du projet de Jésus, n'y a-t-il pas à prêter attention à sa prière ? Souvent elle exprime chez les hommes leurs désirs et leurs espoirs les plus profonds. Celle que Jésus a confiée à ses amis résume bien son témoignage ; la voici telle que Matthieu nous la rapporte :

> « Dieu, notre Père,
> Que ton Nom soit reconnu !
> Que ton Royaume vienne !
> Que ta volonté se réalise sur terre comme au ciel !
> Donne-nous aujourd'hui notre pain quotidien.

---

68. *Chercheurs de Dieu*, p. 77.
69. *La Question religieuse et le socialisme*, Éditions de Minuit, p. 59.

Remets-nous nos dettes, comme nous-mêmes avons remis à ceux qui nous doivent,
Et ne nous soumets pas à la tentation,
Mais délivre-nous du Mauvais[70]. »

Il est bon de se rappeler que les juifs placent souvent au début ce qu'aujourd'hui on mettrait plutôt en conclusion. Aussi pour mieux comprendre cette prière, pourquoi ne pas essayer de la relire à l'envers ?

Délivre-nous du Mauvais...

En Dieu il y a d'abord un projet de libération : délivrer du « mauvais », c'est-à-dire des racines du mal, tout homme et toute réalité. Jésus a vécu cela tout au long de son aventure : toutes ses actions ont visé à libérer les personnes rencontrées du mal physique, moral et social qui les enchaînait ; là où il passait, se levaient des hommes libres.

Ne nous soumets pas à la tentation...

Mais il est sûr que cette libération se heurte aux oppositions qui se manifestent devant tout changement : les gens en place n'aiment pas qu'on fasse attention à ce qui ne va pas dans leur ordre établi ; ils refusent de le transformer ! Devant ces blocages, les tentations sont grandes d'abandonner la tâche et de s'enchaîner de nouveau aux puissances du mal : en Jésus toutes ces tentations ont été repoussées et vaincues.

---

70. Mt 6, 9-13.

Remets-nous nos dettes, comme nous-mêmes avons remis à ceux qui nous doivent...

Il y a aussi des obstacles en chacun : si on est accaparé par des calculs et des dettes, si on s'attache à comptabiliser ses efforts, à se comparer avec les autres, à se reprocher sa médiocrité, comment vivre libre ? Le projet de Dieu c'est celui de l'année « sainte » : on remet les dettes une fois pour toutes et entre tous. Désormais, un autre système entre en vigueur, celui de la gratuité, du don généreux, de la joie partagée.

Donne-nous aujourd'hui notre pain quotidien...

Mais pour se confirmer, cette libération totale a besoin d'être nourrie quotidiennement. Comme ce fameux jour en Galilée, comme à son dernier repas la nuit qu'il fut livré, Jésus veut nourrir son peuple nouvellement libéré. Dans cet immence travail, l'homme a besoin de forces sur tous les plans : physique, moral, social ; il a besoin du pain, de l'amitié, de la solidarité partagés ; il a besoin du dynamisme libérateur de Dieu, d'une « suralimentation » si on peut dire : Dieu lui-même devient nourriture de l'homme.

Que ta volonté se réalise sur terre comme au ciel !
Que ton Royaume vienne ! Que ton Nom soit reconnu !
Dieu, notre Père

Si les hommes s'engagent dans ce travail de renouvellement, ils font apparaître ce que Dieu veut pour l'univers tout entier : le règne de Dieu, son Royaume sont en voie de réalisation. Tout bouge, tout change, alors celui qui est à la source de tout ce bouleversement peut se faire connaître : son nom peut être reconnu, acclamé : il est le libérateur des hommes, le Dieu qui donne la vie, il est le Père, il est Amour.

Arrivés là, ayant redécouvert le plan d'Amour de Dieu pour les hommes et son visage de Père, pourquoi ne pas répondre à l'invitation de Jésus ? redire avec lui cette prière qu'il a vécue parmi les hommes, pour adhérer plus totalement à ce projet, renouveler le monde et révéler le vrai visage de Dieu : « Que votre lumière brille devant les hommes, et que, voyant vos actions pour le bien, ils reconnaissent Dieu, votre Père[71]. »

---

71. Mt 5, 16.

CHAPITRE IV

QUI ÉTAIT-IL ?
QUI EST-IL ?

Il serait agaçant de parler de Jésus autrement que les Évangiles ; dire de lui : c'est le plus grand génie, c'est le plus grand éducateur, etc., ce serait tout à fait contraire à l'image qu'il a donnée de lui. En cherchant à retrouver en lui les qualités qu'il conviendrait d'avoir, nous aurions fait de Jésus un personnage idéal, l'Homme avec un grand « H ». Or, les Évangiles témoignent de la rencontre de quelqu'un de précis : les disciples ont rencontré une personnalité concrète dont on peut tracer quelques traits, avant d'exprimer ce qu'ils en ont compris plus profondément[1].

SA PERSONNALITÉ

Une « autorité »

Ce qui les a le plus impressionnés en Jésus, c'est l'autorité qui transparaît à travers ce qu'il dit et ce qu'il fait : plusieurs fois, les témoins le mentionnent. Pour

---

1. Mc 6, 3.

appuyer sa parole, pas besoin de preuves ; il lui suffit d'annoncer : « En vérité, en vérité, je vous le dis... » Pour sa mission, il adresse à ceux qu'il rencontre des appels vigoureux : quitter ses richesses, abandonner ses affections ; l'invitation est brève et souvent sans explication : « Suis-moi ! » et certains quittent tout pour le suivre[2]. Mais cette « autorité » n'est pas de celles qui écrasent ; elle permet au contraire à chacun de faire la lumière en lui, de se libérer[3] : on découvre en le rencontrant de quel esprit on est ; on ne peut rester indifférent en face de Jésus : on doit prendre parti pour ou contre[4].

Cette autorité n'a pas pour base une fonction ou une situation officielle : Jésus ne revendique aucun titre, et le mépris accompagne souvent ce « Galiléen[5] » ; peut-il sortir quelque chose de bon de cette province arriérée[6] ? Son autorité repose sur une certaine qualité intérieure : il est sûr de sa mission ; il sait d'où il est et où il va[7], même s'il a à découvrir le chemin entre les deux.

Sa vie est entièrement consacrée à sa mission et cela donne un caractère d'absolu à ce qu'il fait, à ce qu'il est ; ce don de lui-même l'établit dans une grande liberté par rapport à toutes les conventions. Même ses adversaires le soulignent : « Nous savons que tu es franc et que tu enseignes la voie de Dieu avec franchise, sans te préoccuper de qui que ce soit, car tu ne regardes pas au rang des personnes[8]. »

---

2. Lc 5, 27-28.
3. Jn 8, 12.
4. Lc 9, 49.
5. Jn 7, 52.
6. Jn 1, 45.
7. Jn 8, 14.
8. Mt 22, 16.

L'épisode du soldat romain résume bien l'impression qu'il fait à ses contemporains[9]. Ce militaire (une sorte d'adjudant de l'époque) a quelqu'un de malade chez lui. Il adresse à Jésus cette demande : « Dis seulement une parole et mon serviteur sera guéri », et il traduit sa confiance en Jésus dans son langage de soldat : un commandement bref et précis suffit pour qu'un deuxième classe exécute un ordre ; on lui dit « Va » et il va, « Viens » et il vient ; à toi aussi, Jésus, une parole te suffit pour te faire obéir de la maladie. Alors, Jésus met en relief la foi de cet homme : « Qu'il t'arrive selon ta foi ! » C'est là toute la manière de faire de Jésus : autorité dans sa façon d'être, discrétion sur sa personne ; il n'a pas besoin de s'affirmer, de se raconter ; ce qu'il fait parle suffisamment de lui.

L'autorité et la liberté qu'il manifeste vis-à-vis de toutes règles sont à la source des questions qu'on se pose sur lui : « Qui est-il pour se conduire ainsi[10] ? » Et cela d'autant plus qu'il continue à vivre ordinairement ; on avait le souvenir de ces hommes de Dieu, de ces « prophètes » tellement donnés à leur tâche qu'ils en étaient originaux, tendus, demesurés : Jean était de cette trempe-là[11]. Rien de cela en Jésus : son autorité va de pair avec une existence toute simple ; aussi Jésus étonne ; sa façon d'être ne correspond pas aux schémas habituels.

Un homme de relations

Jésus est en effet homme de relations : il aime être au milieu des gens du peuple[12] ; trente ans de vie

9. Mt 8, 5.
10. Mc 1, 27.
11. Mc 1, 6.
12. Mc 2, 15.

quotidienne à Nazareth, puis quelques années sur les routes, au milieu des foules[13], toujours à partager le repas et l'amitié quand on l'invite[14]. Il communie aux joies et aux peines de ceux qu'il côtoie. Il est tout bouleversé quand il rencontre cette veuve qui enterre son fils unique[15] ; il ressent la faim avec la foule qui l'accompagne[16] ; il se réjouit avec les disciples aux retours de mission[17]. Il s'émerveille facilement et fait partager sa joie à ceux qui sont là : la nature avec les fleurs des champs[18], le travail de l'homme[19], l'enfant et sa capacité d'accueil[20], la foi manifestée par les païens[21], la disponibilité des petits[22], autant d'occasions de se réjouir !

Mais il souffre tout autant de l'incompréhension et parfois jusqu'à la limite du supportable : « Génération incroyante et perverse ! jusqu'à quand aurai-je à vous supporter ? Jusqu'à quand serai-je parmi vous[23].? » Avec tristesse et colère, il voit les Pharisiens se fermer progressivement à ses appels[24] ; avec agacement parfois, il constate qu'il est bien mal compris même de ses disciples : ils sont bouchés à son message[25].

Homme de relations, l'amitié tient une grande place dans sa vie ; ses disciples sont d'abord ses amis[26] : il les considère comme sa famille[27]. Parmi eux, il

---

13. Mc 3, 7-10.
14. Mc 1, 29.
15. Lc 7, 11.
16. Mc 8, 3.
17. Lc 10, 21.
18. Lc 12, 27.
19. Mc 4, 3-20.
20. Mt 18, 1.
21. Mt 15, 28.
22. Lc 21, 1.
23. Mt 17, 17.
24. Jn 9, 40.
25. Mc 6, 52.
26. Jn 15, 14-15.
27. Mt 12, 46-50.

s'attache plus à celui-ci : il y a le disciple que Jésus préférait[28]. Lazare, Marthe et Marie accueillent Jésus quand il a besoin de repos[29]. Dans le groupe des intimes, il y a des femmes[30] : c'était contraire aux coutumes du temps ; Jésus est libre de tout préjugé ; que la Samaritaine, rencontrée près du puits, soit une femme, une hérétique, une prostituée, qu'importe ? Il voit en elle une personne qui, comme bien d'autres, a besoin d'être sauvée par l'annonce de la Bonne Nouvelle[31].

Même s'il a une sympathie plus grande pour les exclus et les rejetés, Jésus ne refuse aucun contact ; il va même chez ses ennemis : il répond aux invitations des Pharisiens[32]. Il accueille aussi un notable qui vient le voir un soir en cachette[33]. Tout lui est bon pour rencontrer les hommes qu'il aime. Spontanément, en lui se manifeste une qualité de contacts humains : quel respect et quelle amitié il témoignera encore à Judas, le traître, aux derniers moments[34] !...

Un réaliste

Et pourtant Jésus n'est pas un rêveur : il ne se fait pas d'illusion sur les hommes ; il est réaliste, il voit le monde tel qu'il est, ni meilleur ni pire. Les paraboles offrent un tableau juste de la société d'alors et souvent Jésus y ajoute une pointe d'humour : ceux qui prennent les premières places dans les banquets et qui doivent reculer devant tous à la dernière[35], le filou

---

28. Jn 13, 23.
29. Lc 10, 38.
30. Lc 8, 1.
31. Jn 4, 1-42.
32. Lc 7, 36.
33. Jn 3, 2.
34. Mt 26, 50.
35. Lc 14, 7.

démasqué qui profite de la situation jusqu'au bout et en tire le maximum d'avantages[36], le casse-pieds qui tambourine à la porte de son voisin en pleine nuit[37], le constructeur de tours qui s'arrête en chemin[38], les jeunes filles qui s'endorment et laissent passer l'heure de la noce[39], le cambrioleur qui se rit des serrures[40], les gardiens de nuit qui s'assoupissent[41], l'accidenté de la route secouru par un étranger et laissé pour compte par les spécialistes de la charité[42]...

Il se réfère aussi aux conditions concrètes d'existence : le petit paysan accablé de dettes à la merci des intendants[43] ; les chômeurs qui attendent sur la place d'être embauchés pour la journée[44] ; la veuve sans aucunes ressources[45] ; le système du grand propriétaire qui fait gérer ses biens par des intendants[46] ; le juge qui ne s'occupe que des affaires qui rapportent[47] ; les riches et les pauvres séparés par une barrière infranchissable[48]...

Il met en valeur les hommes avec leurs immenses possibilités : le paysan attentif au grain qui lève[49], le pêcheur qui trie son poisson[50], le serviteur qui remplit son office avec application[51], le bâtisseur qui vérifie les fondations[52], le fils qui apprend le métier en regardant son père[53]... La compétence dans le travail est

36. Lc 16, 1.
37. Lc 11, 5.
38. Lc 14, 28.
39. Mt 25, 1-13.
40. Mt 24, 43.
41. Mc 13, 33.
42. Lc 10, 29-37.
43. Mt 18, 23 ; Lc 16, 1.
44. Mt 20, 1.
45. Mc 12, 41.
46. Mt 25, 14.
47. Lc 18, 1.
48. Lc 16, 19.
49. Mc 4, 26.
50. Mt 13, 47.
51. Mt 24, 45.
52. Mt 7, 24.
53. Jn 5, 19.

soulignée, mais plus encore la richesse des sentiments : le berger préoccupé de chacune des brebis[54], le père soucieux de donner de bonnes choses à ses enfants[55], la femme qui enfante et qui oublie sa douleur dans la joie d'avoir fait naître une vie[56]...

Jésus est un homme de bon sens ; le plus souvent, il ne cherche pas à dire des choses nouvelles ou originales, mais il rappelle des vérités connues ; un homme vaut plus qu'un animal : ce qu'on fait pour un animal le jour du sabbat, on ne le ferait pas pour un homme[57] ! Ce qui rend impur, ce n'est pas ce qu'on mange, mais ce qui sort du cœur : paroles méchantes, jalousie, jugements, etc.[58]. Dans le langage imagé de la vie de tous les jours, Jésus s'efforce de donner des conseils qu'on puisse réaliser. A quoi servirait-il de charger les gens de fardeaux insupportables[59] ? Son fardeau à lui est léger[60] : avec bon sens, Jésus propose à chacun le pas qu'il peut accomplir à ce moment-là. « Donne-moi à boire », dit-il à la femme de Samarie ; il ne l'invite pas d'emblée à changer de vie ; il lui propose un service à rendre : il a soif et il n'a rien pour puiser ; elle peut lui donner à boire et cette démarche toute simple va la transformer[61].

Un homme de recherche

Homme de recherche, Jésus bouillonne d'initiatives pour trouver les moyens de remplir sa mission : il explore plusieurs chemins, depuis l'annonce en

54. Jn 10, 1.
55. Mt 7, 11.
56. Jn 16, 21.
57. Mt 12, 11-12.
58. Mt 7, 18.
59. Mt 23, 4.
60. Mt 11, 28.
61. Jn 4, 7.

Galilée jusqu'à la croix à Jérusalem. Son imagination est à l'œuvre pour amener toute personne à accueillir la Bonne Nouvelle[62] ; il ne juge aucun homme, aucune situation comme définitivement perdus[63] ; il croit en une possibilité de renouveau en toute réalité. Jésus n'a pas de schémas préfabriqués : avec chacun il se met en route à partir de ce qu'il est. Sa manière de faire consiste souvent à permettre à son interlocuteur de découvrir lui-même la solution : rappelons-nous comment il procède avec l'homme qui lui demande : « Qui est mon prochain[64] ? » Les paraboles sont aussi l'occasion de provoquer une recherche : que veut-il dire par cette histoire ? Cela réclame qu'on essaie d'en découvrir le sens. Les premières communautés chrétiennes ont continué à faire ce travail d'approfondissement et en nous rapportant les paroles de Jésus, elles y ajoutent ce qu'elles en ont compris dans le nouveau contexte qui est le leur[65].

Jésus est en recherche dans sa propre aventure humaine : il n'applique pas un programme préétabli dont tous les détails seraient réglés : les Écritures qu'il approfondit ne sont pas un code de la route[66] ! Lumière pour sa vie, elles éclairent les événements qui l'interrogent, elles lui permettent de comprendre les signes des temps[67]. Souvent, les Évangiles montrent Jésus attentif, qui se tait, qui regarde[68] : il cherche à lire au cœur des hommes, au cœur des événements, comment être fidèle à sa mission de libération et de rassemble-

---

62. Lc 13, 34.
63. Lc 15, 10.
64. Lc 10, 25.
65. Lc 8, 11.
66. Lc 13, 33.
67. Lc 13, 1.
68. Jn 8, 3.

ment, comment réaliser cette rencontre de Dieu et des hommes qui provoquera le renouvellement de toute chose.

Un homme de prière

Avec discrétion, Marc, Matthieu et Luc témoignent de cette dimension de la vie de Jésus qu'est sa relation au « Père » : il est un homme de prière, mais à sa manière, sans grandes démonstrations[69]. Tous les aspects de sa personnalité en sont imprégnés : là est la source de sa mission, de sa conviction et de son ardeur : « Ma nourriture, c'est de faire la volonté de mon Père[70]. » L'Évangile de Jean donne une grande place à cet aspect de la vie du Christ : c'est un dialogue permanent avec quelqu'un : incompris de tous, même de ses disciples, rejeté par le peuple qui devait l'accueillir, abandonné par ses plus proches, comment tenir sans « Celui qui est toujours avec lui[71] » ? Sans cet Autre, sans celui qu'il appelle « Abba[72] », c'est-à-dire « Papa » ? la vie de Jésus est inexplicable : inexplicable aussi, la détermination avec laquelle il va à la mort. Seule une conscience claire d'un lien unique avec le « Père » peut rendre compte de l'attitude du Christ devant les événements tragiques de sa condamnation et de sa mort.

Jésus a voulu faire de son existence un service de son Père et des hommes : il s'est compris comme celui qui allait de nouveau faire passer le courant de Dieu vers les hommes et des hommes vers Dieu. En lui se

---

69. Mt 6, 5-15.
70. Jn 4, 34.
71. Jn 10, 38.
72. Mc 14, 36.

noue une alliance nouvelle et définitive, un élan nouveau qui met au cœur des hommes la vitalité de Dieu. Il opère une sorte de transfusion qui sauve ce malade qu'est le monde des hommes, en donnant sa vie pour accomplir la mission reçue du Père. Sa prière est le moment où il communie intimement à cette mission et où il renouvelle son accord total avec ce que veut son Père : alors ils se retrouvent dans un même Esprit qui les unit.

POUR VOUS, QUI SUIS-JE ?

Ces quelques traits de la personnalité de Jésus nous révèlent qui il était en profondeur ; il n'a pas dit grand-chose de lui ; il ne s'est pas défini ; il a laissé les personnes se faire une idée sur lui à travers ce qu'il vivait. Sa liberté d'attitudes, sa maîtrise, son autorité ont posé question ; certains titres lui ont été attribués pour déchiffrer ce qu'il était réellement : prophète, messie, roi des juifs, fils de David, fils de l'homme ? Aucun n'était vraiment adapté à lui. C'est seulement après la résurrection que le voile se lève et qu'apparaît aux yeux des témoins le vrai visage du Christ.

Le « Serviteur souffrant »

Pour comprendre Jésus et sa mission, les premières communautés ont puisé dans les Écritures : en effet, les événements de la mort et de la résurrection avaient besoin d'être expliqués ; placés devant l'inattendu, l'inoui, les témoins devaient essayer d'en rendre compte : que signifiait cette expérience de Jésus mort et ressuscité ? Jésus lui-même avait cherché dans les

Écritures le sens de sa vie et de ses choix ; à sa suite les disciples approfondissent certains textes, comme le psaume 22 et quelques pages du prophète Isaïe qu'on appelle les « poèmes du Serviteur ». Ecrits cinq cents ans auparavant, ils présentent un personnage au destin étonnant : le « Serviteur souffrant ».

En voici quelques extraits :

« Mon serviteur s'élèvera et grandira beaucoup. Et pourtant beaucoup avaient été épouvantés à sa vue, tant son aspect défiguré n'avait plus rien d'un homme...

Et ils verront un événement inattendu et observeront quelque chose d'inouï.

Il a grandi comme une racine en terre aride, sans éclat ni beauté, méprisé, délaissé de tous, homme de douleurs, familier de la souffrance.

Or ce sont nos maladies qu'il portait, nos douleurs dont il prenait la charge. C'est à cause de nos fautes qu'il était transpercé, à cause de nos crimes qu'il était écrasé.

Le châtiment qui était sur lui nous a valu la paix et, grâce à ses plaies, nous avons été guéris.

Il a été exclu de la terre des vivants ; à cause de nos fautes il a été frappé à mort...

S'il offre sa vie en sacrifice, il verra une descendance, il prolongera ses jours et la volonté de Dieu s'accomplira par lui.

Mon serviteur rendra justes des multitudes[73]... »

---

73. Isaïe 52, 13 à 53, 12, extraits.

A la lecture de tels textes, les témoins découvraient mieux le sens de l'aventure de Jésus : il était ce « serviteur » qui guérit l'humanité en prenant sur lui ses tares, ses maladies, ses fautes. Par là, il ouvrait au plus grand nombre les portes d'une vie nouvelle. Sa mort, incompréhensible sans cela, donnait sens à toute son existence. Pour les disciples, la résurrection fondait cette conviction que, désormais et pour toujours, l'amitié de Dieu était donnée et que, malgré les retombées et les retours en arrière, la victoire du Christ sur le mal, la haine, le péché et la mort serait un jour la victoire de tous.

Parole de Dieu, Fils de Dieu

Pour eux, dans la résurrection de Jésus, s'est exercée une puissance qui n'est pas d'ordre humain, une puissance capable de changer la mort en vie : seul Dieu peut faire cela. La résurrection donne valeur à toute l'aventure du Christ ; par là, Dieu dit son accord avec les paroles, les actions et le projet de Jésus ; il est cet homme en qui Dieu se reconnaît pleinement ; il a parfaitement transmis ce que Dieu voulait dire : il est sa Parole, venue prendre Corps dans l'univers. Désormais il devient la référence absolue, celui qui par le monde des hommes devient Royaume de Dieu. Paul exprimera cette conviction dans ses lettres : « Le Christ est l'image du Dieu invisible... le premier-né d'entre les morts... car il a plu à Dieu que la création entière soit réconciliée par lui et pour lui, en faisant la paix par le sang de sa croix[74]. »

---

74. Lettre aux Colossiens 1, 15-20.

S'il en est ainsi, alors bien des attitudes de Jésus s'éclairent : cette autorité qui a tant frappé ses contemporains se fonde sur sa conviction d'être relié à Dieu d'une manière unique. Sa confiance en Dieu s'explique, puisqu'il participe à la réalité même de Dieu : il n'y a pas de distance entre sa conviction d'homme et la volonté de Dieu. Rien ne peut briser cette unité, pas même la mort qui pourrait signifier l'abandon de Dieu ou l'erreur de Jésus.

Jésus s'est fait connaître progressivement aux disciples : Marc, dans son Évangile, nous propose de les accompagner dans leurs découvertes ; on se demande en permanence : « Ce Jésus, qui est-il ? » et on est amené à dire avec Pierre au chapitre 8 : « Tu es le Messie », puis en avançant toujours, on se retrouve avec le soldat romain pour déclarer devant Jésus en croix : « Vraiment, cet homme était Fils de Dieu ! » Jean, dans le quatrième Évangile, part directement des découvertes faites plus tard : c'est Dieu lui-même qui est venu chez les hommes en Jésus-Christ. Cette explication est à la fois la plus simple et la plus vraie pour les témoins et elle rend compte de l'expérience qu'ils ont vécue. Jean l'écrira dans une lettre : « Voici comment Dieu a montré son amour : il a envoyé son Fils unique dans le monde, afin que nous vivions par lui[75]. »

Parler de Jésus hier et aujourd'hui

A l'évidence, personne n'a jamais vu Dieu ; les apôtres eux-mêmes n'ont rencontré que l'homme

---

75. Ire lettre de Jean 4, 9.

Jésus. Leur foi est née de l'épreuve de la croix et du bouleversement de la résurrection. Dans ces événements, elle subi un véritable électrochoc. Dans le fiasco de la mort de Jésus, l'espérance qu'ils avaient placée en lui s'est volatilisée : « Nous espérions qu'il serait le libérateur d'Israël, mais voilà deux jours que les événements sont passés[76]... »

Avec la résurrection, s'est renouée une foi différente qui devait prendre en compte l'expérience de la croix. Ce chemin apparemment absurde, Dieu l'authentifiait comme un chemin de vie en ressuscitant Jésus. Qu'est-ce que cela signifiait ? Qu'est-ce que l'aventure de Jésus faisait découvrir de neuf sur Dieu ?

Désormais les disciples acceptaient d'être déstabilisés et d'apprendre de ces événements le secret de Dieu : la croix révélait un tout nouveau visage de Dieu, un visage où Jésus était impliqué au plus profond, puisque Dieu le reconnaissait comme sien. Jésus devenait donc leur référence, Jésus devenait pour eux le Seigneur : « Il n'y a pas d'autre Nom pour nous les hommes, par lequel nous puissions être sauvés[77]. »

Alors il leur a fallu expliquer la Nouvelle, la rendre accessible et compréhensible. Pour cela, ils font appel à l'Ecriture ; ils relisent de nombreux passages de la Bible pour rendre compte des événements de la mort et de la résurrection.

Bientôt, ils ont découvert que dans toute la vie de Jésus (et pas seulement sa mort) transparaissait le vrai

---

76. Lc 24, 21.
77. Ac 4, 12

visage de Dieu. Ils se sont mis à raconter sa manière d'être, ses choix d'homme, la qualité de ses rencontres. Ils ont repris ses paroles, en soulignant comment elles étaient porteuses des propositions de Dieu, sa manifestation concrète en ce temps-là.

Cette foi, ils l'ont transcrite jusque dans les récits de sa naissance où le lien unique de Jésus à Dieu est mis en valeur. Ils montrent que dès sa conception Jésus vient de Dieu. Enfin, ils ont saisi peu à peu que ce fils, né d'une femme en un temps de l'histoire, était depuis toujours vivant en Dieu. Il manifestait que Dieu était une unité riche de diversités, le lieu d'un dialogue d'amour où Père et Fils se retrouvaient en un unique Esprit.

Cette révélation s'est faite progressivement, à travers bien des recherches et des tâtonnements et elle n'est pas finie. Nous aussi, nous avons aujourd'hui à exprimer notre foi en Jésus. Appuyés sur les témoins d'hier, nous ne sommes pas réduits à être des répétiteurs ; ce serait donner raison à ceux qui proclament Jésus mort. S'il est vivant aujourd'hui, il doit nous adresser une parole actuelle et nous avons comme tâche de transmettre le message entendu.

C'est pourquoi nous sommes renvoyés à dire ce que la rencontre et la reconnaissance de Jésus-Christ suscitent en nous. Il nous faut expliquer ce qu'il est pour nous, ce qu'il peut être pour tous, et pour cela faire référence à ce qu'il a vécu, à son destin historique et montrer ce que ses choix d'homme révélent de Dieu.

Nous aussi, nous le cherchons à l'aide des Écritures et nous avons à découvrir du nouveau sur Jésus-Christ : « J'ai encore beaucoup à vous dire, mais vous ne pouvez pas le porter maintenant[78]. » Aujourd'hui, nous faisons face à d'autres problèmes, à d'autres questions et nous sommes invités à parler de Jésus à la lumière de ce contexte nouveau. Les événements, la recherche en communautés de croyants nous font percevoir de nouvelles résonances à la parole des Évangiles : ce n'est pas étonnant, si, en toute vérité, Jésus est une personne vivante et si son Esprit travaille nos cœurs. En cela, l'expérience des disciples rejoint la nôtre. Aujourd'hui encore, Dieu agit de la même manière : le Christ ressuscité vient à nous à travers les autres, à travers l'histoire personnelle et collective des hommes. C'est là qu'il se fait voir, là qu'il se laisse rencontrer.

EN POURSUIVANT LA RÉFLEXION

Pourquoi la mort de Jésus ?

Jésus a été livré à la mort pour sa prétention à être « de Dieu » et en même temps pour sa prétention de libérer le peuple. Un Dieu qui reste dans sa sphère, qui ne s'occupe des hommes que de temps en temps, n'est pas dangereux. Mais un Dieu qui veut libérer le peuple, qui se mêle de ce monde, c'est insupportable à la fois pour le pouvoir économique et politique et pour le pouvoir religieux.

En effet, pour le pouvoir religieux, il y a le monde de Dieu et le monde des hommes, bien séparés ; la

---

78. Jn 16, 12.

religion consiste à organiser le passage entre les deux ; les prêtres sont les spécialistes de ce passage ; là réside leur pouvoir. Mais si Dieu vient habiter le monde des hommes, si la Loi n'est plus le passage obligé, si le Temple n'est plus nécessaire, alors tout est remis en cause : plus besoin de religion[79] ! »

Pour le pouvoir économique et politique, la séparation des deux mondes est aussi une sécurité ; pendant que les gens rêvent d'un autre monde, ils ne pensent pas à regarder de trop près la réalité !... Mais si Dieu est là, si on l'atteint chaque fois qu'un homme est brimé, méprisé ou exclu, alors il n'y a plus de pouvoir absolu, plus moyen d'invoquer la raison d'État. Ce Dieu qui veut l'homme libre, créateur et responsable est un gêneur.

En montrant par ses actions et ses paroles qu'il n'y a qu'un monde, celui des hommes et de Dieu réconciliés, Jésus arrache aux spécialistes de Dieu leurs privilèges et aux spécialistes du monde leurs droits absolus. C'est tellement insupportable pour les uns et les autres que nécessairement la mort de Jésus est au bout du compte.

D'autre part en mourant, il révèle ce qu'est réellement la mort : elle n'est jamais un accident ou quelque chose d'ordinaire. Même si elle n'arrive pas dans des circonstances tragiques, elle est toujours comme il l'a vécu, quelque chose d'immonde et d'injuste : elle est pour un instant la victoire des puissances du mal sur la vie. Elle est donc profondément à contre-courant de

---

79. Dans les premiers temps de l'Église, pendant les persécutions, on accusait les chrétiens d'être des athées à cause de cela.

Dieu ; elle n'est pas le dernier mot sur l'homme, mais plutôt l'ennemi à vaincre. Par sa résurrection, le Christ montre qu'elle peut vraiment être vaincue : vécue avec le Christ et comme lui dans une confiance totale au Père, la mort perd de son mordant et même si elle reste un déchirement, elle devient l'occasion d'un dialogue avec le Père. La résurrection est alors un appel violent adressé à tous pour se lever et combattre toutes formes de mal et de mort.

L'Esprit de Jésus ressuscité, donné gratuitement aux disciples qui l'avaient lâchement abandonné est la preuve de cet amour ; les portes de la vie sont grandes ouvertes, pour que l'humanité en soit pour toujours soulevée. C'est pourquoi aujourd'hui encore ces années vécues par Jésus suffisent à beaucoup pour illuminer leur existence et l'histoire du monde.

Sans la foi en la résurrection, comment expliquer la naissance de l'Église, jaillie de l'abandon et du désespoir ? Comment expliquer que la question de Jésus nous provoque aujourd'hui encore, malgré le visage parfois si décevant de son Église ? Sans cette conviction que Dieu est venu chez nous et qu'il a ouvert une ère de renouveau que rien ne pourra arrêter, comment rendre compte de la personne de Jésus ? Ou Jésus est « Dieu-avec-nous », Dieu pour toujours avec nous, une amitié bouleversante proposée à tous pour changer le monde, ou bien il est à ranger au musée des antiquités : tôt ou tard, il faut choisir.

Enfin si Jésus est mort si jeune, vers quarante ans, ce n'est pas seulement à cause de l'opposition des puissants de cette époque. Jésus est mort « à son heure », comme dit le quatrième évangile. Ses trente et quelques années de formation à Nazareth où il est devenu le charpentier, ses années de vie trépidante sur les routes de Galilée et de Judée ont pleinement révélé ce que Dieu avait à dire aux hommes : avec eux, il voulait bâtir un monde nouveau et, pour y arriver, faire éclater le monde présent, faire totalement peau neuve. Voyant qu'il était impossible à ses contemporains d'assumer cette transformation, Jésus prend sur lui d'ouvrir le chemin : il accepte cette mort, cet éclatement nécessaire pour permettre à tous d'entrer dans l'univers nouveau de Dieu. Sa mort est aussi la preuve d'un amour absolu, que rien, jamais rien ne pourra décevoir.

CONCLUSION

SAIS-TU LA NOUVELLE ?

« Sais-tu la nouvelle ?
Une vie nouvelle,
plus belle,
plus vraie,
est à ta portée,
si tu le voulais.

Abondonne, donne
tes livres d'école :
leurs bonnes
paroles
étaient monotones,
étaient frelatées.

C'est fini de rêver : on va se mettre à vivre.
Dans nos cœurs, des colombes et le soleil des cuivres !
Tu verras le rempart que font les poings dressés ;
Plus l'âge d'or est proche, plus il est menacé.

Sais-tu la nouvelle ?
Jette à la poubelle
ce monde insensé.
Dans l'amour des autres,
dans l'amour de l'Autre
apprends à changer !
Et sans plus attendre

réapprends à prendre
partout le pouvoir.
Et de tes jours noirs
tu vas féconder
un monde d'espoir !

Une vie nouvelle, sais-tu la nouvelle[1] ?... »

Cette chanson d'aujourd'hui n'est-elle pas un appel adressé à tous, un appel à savoir redire en un langage clair et fort le message de Jésus ? Sais-tu la nouvelle ? Sais-tu proclamer la nouvelle par ta vie et tes paroles ?

Dans l'amour de l'Autre

« Dans l'amour de l'Autre, apprends à changer ! » Oui, avec le Christ, tous, c'est-à-dire toi, moi, lui, elle, tous peuvent accueillir l'amour du Père. Voilà la grande annonce du départ : Dieu avec sa puissance de renouvellement se rend proche de chacun. Lui répondre ne consiste pas en des exercices difficiles, mais à lui faire une place dans sa vie. Jean l'apôtre disait : « Celui qui aime, connaît Dieu[2]. » Faire l'expérience d'un amour humain ou d'une amitié profonde et remarquer combien sa vie en est changée, c'est un chemin pour comprendre ce que veut dire : s'ouvrir à l'amour du Père. Avant d'apporter une doctrine, une explication du monde, un sens à toute chose, Jésus nous met en présence d'une personne et de son amour qui nous est proposé. Croire, c'est avant tout vivre

1. Chanson de F. SOLLEVILLE.
2. 1 Jn 4, 7.

avec Quelqu'un, changer à cause de Lui ; devenir un être nouveau.

Dans l'amour des autres

« Dans l'amour des autres, dans l'amour de l'Autre, apprends à changer ! » Cet accueil risquerait d'être une évasion sentimentale s'il ne s'agissait pas de le traduire en actes. Celui qui a rencontré le Père ne peut plus vivre comme avant : il doit devenir lui-même source et centre d'amour. Cet amour gratuitement reçu, à lui de le répandre avec la même générosité, en particulier dans l'acte créateur et révolutionnaire qu'est le pardon. L'appel à se lever et à marcher qui a résonné en lui, il faut maintenant qu'il le communique autour de lui : Debout, les exclus ! Debout, les écrasés !

Ces énergies nouvelles issues de l'amour feront naître peu à peu un monde neuf : nous avons à bâtir solidement les fondations d'un autre univers ; on ne peut en rester à de beaux sentiments individuels. C'est à cela que nous appelle l'Apocalypse, le dernier livre de la Bible : « Voici la demeure de Dieu ! il essuiera toutes larmes de leurs yeux. Plus de mort, ni de pleurs, ni de cris, ni de peines, car l'ancien monde s'en est allé[3] ! »

Ensemble, en Église

Pour donner vigueur à nos réponses personnelles, Jésus a voulu, dès le commencement, un engagement collectif : former un corps vivant de disciples. Mem-

3. Ap 21, 3-4.

bres d'un même corps, nous sommes provoqués à vivre une double fidélité comme le Christ : fidélité à l'accueil de l'amour du Père, fidélité à la tâche de libération des hommes et de construction d'un monde nouveau, l'une s'appuyant sur l'autre. La vie en Église, partage de foi et provocation à l'action, fait partie de notre réponse au projet de Dieu. Elle est aussi le lieu où l'on cherche ensemble les moyens de faire connaître le message du Christ. Appeler le maximum de gens à entrer consciemment dans ce renouveau n'est pas un luxe, mais une nécessité : comment aimer Dieu sans vouloir que son amour soit reconnu et accueilli par le plus grand nombre ? Comment aimer les hommes, sans vouloir qu'ils découvrent le sens total de l'aventure humaine et rencontrent leur « Père » ?

Aujourd'hui, un appel

Alors, aujourd'hui comme en Galilée, retentit un appel : « Debout, lève-toi et marche[4] ! » Peut-être a-t-il déjà résonné dans nos vies ? Peut-être sommes-nous dans l'attente ? Inutile d'attendre avec anxiété ; ce qu'il faut, c'est commencer à répondre aux appels de nos frères les hommes. A Zachée, le « publicain », Jésus demanda de l'inviter à table et ce fut pour lui le départ d'une aventure formidable. Aujourd'hui des jeunes ou des adultes nous proposent d'être leur délégué, des enfants d'être leur responsable. Des chômeurs, des exclus, des laissés pour compte frappent à

4. Mc 2, 9-11.

notre porte pour retrouver leur place et leur dignité. Le tiers monde, les pays de la faim nous invitent à un réel partage. Tous exigent de nous plus de disponibilité, plus d'amitié, plus d'engagement pour la justice : répondons à leur attente, engageons-nous avec eux... Sur ce chemin, Jésus se fera connaître, quand il le voudra.

Oui, Jésus ressuscité est le contemporain de chaque homme. Par sa victoire sur la mort, sa présence a éclaté aux dimensions du monde. Désormais il peut être notre compagnon de route, il nous propose son amitié. Le Christ vivant est là où jaillit la vie : quittons vite ce livre pour aller le rejoindre... dans la vie.

Comme ce soir-là sur la route d'Emmaüs

Pour nous guider dans cette recherche, gardons au cœur un épisode de l'Évangile de Luc[5] : Deux hommes tout tristes sur la route regagnent leur village d'Emmaüs ; ils s'éloignent de Jérusalem ; voilà trois jours que Jésus a été condamné et qu'il est mort ; la page est tournée, c'est fini : un espoir de plus s'est écroulé. Pourtant, en chemin, quelqu'un s'approche ; il se mêle de la conversation ; il pose des questions ; il les aide à s'exprimer ; il éclaire leur recherche en se servant des Écritures. Ils arrivent tous trois près du village, l'inconnu semble prêt à continuer la route ; mais les deux autres l'invitent : « Reste, il se fait tard ! » Alors tout change ; quand il leur partage le pain, ils le reconnaissent : c'est Jésus, il est vivant et les voilà transportés ;

5. Lc 24, 13-35.

aussitôt, sans perdre de temps, ils sont de nouveau sur la route pour annoncer la Bonne Nouvelle.

Cette histoire ne résume-t-elle pas toute l'aventure des premiers témoins ? Des hommes, au bord du Jourdain, ont fait la rencontre de celui qu'on appelait Jésus ; ils ont découvert en lui un grand prophète, puissant en actes et en paroles, une autorité comme ils n'en avaient jamais vue. En lui, ils ont mis leur espoir ; il allait rétablir le Royaume, chasser l'occupant romain : voilà la période galiléenne. Mais lui comprenait autrement sa mission ; comme sur la route d'Emmaüs, il leur montrait à l'aide des Écritures qu'il lui fallait mourir pour apporter aux hommes une libération bien plus radicale : c'est le moment de la « crise » et de la longue « montée à Jérusalem ».

Quand, après sa mort, ils découvrent le vrai visage du Christ et sa puissance de renouvellement, il n'est plus là : sa présence est autre ; mais ils s'aperçoivent que le feu que Jésus voulait allumer sur terre a envahi leur vie : « Notre cœur n'était-il pas tout brûlant, tandis qu'il nous parlait en chemin[6] ? » Et les voilà partis sur les routes du monde pour annoncer la Bonne Nouvelle... et ça ne s'est pas arrêté !

Mais cet épisode d'Emmaüs, n'est-ce pas aussi l'histoire de nos vies ? Notre existence est un chemin où nous marchons avec d'autres hommes plus ou moins frères. Quelqu'un est là, inconnu encore, mais sa présence nous accompagne et un jour nous pourrons grâce aux autres, à l'écoute des événements et des

---

6. Lc 24, 32.

Écritures, le reconnaître et découvrir en nous ce feu que son amour a allumé. Alors, annoncer la Bonne Nouvelle sera pour nous une nécessité et une joie. Mais peut-être en avons-nous déjà fait l'expérience ?

Enfin, n'y a-t-il pas là en résumé toute l'histoire du monde ? La longue marche des hommes, comme celle de ces deux disciples, porte en elle bien des espérances et bien des déceptions. Depuis toujours, par leurs projets et dans leurs constructions, les hommes ont essayé de traduire leurs espoirs et souvent leurs réalisations les ont déçus. Devant tant et tant d'échecs, ne faudrait-il pas mieux se résigner, baisser les bras ? Qui apportera enfin la paix, des relations fraternelles entre tous, la libération de tous les esclavages, le bonheur pour tous ? Pourquoi chaque génération nourrit-elle ce désir d'un monde nouveau, malgré les échecs successifs ?

Avec Jésus, Dieu s'est joint à cette longue marche des hommes : il écoute, il pose des questions, il partage avec eux ses interrogations, il réveille en eux les espoirs les plus fous. Dans les Écritures, il leur propose un sens à leur histoire : ne fallait-il pas ce long enfantement de l'humanité pour déboucher sur un monde nouveau ? Ne faut-il pas tous ces essais, ces tâtonnements pour que librement les hommes inventent leur réponse à l'amour de Dieu en façonnant un monde réussi ? Le but visé explique toute la route ; ce n'est pas une vaine espérance : un univers nouveau se bâtira avec les hommes, parce qu'il y a au cœur de leur histoire cette puissance de renouvellement qu'est l'amitié de Dieu. Dans sa mort, Jésus nous a prouvé que rien ne peut l'étouffer : elle est le sens même de l'histoire.

Le signe du pain partagé, ce signe laissé par Jésus à ses amis la veille de sa mort, nous assure de l'amitié toujours présente de Dieu : chaque fois que nous le faisons, nous communions à cette immense espérance. Oui, notre joie est celle des disciples d'Emmaüs : notre cœur n'est-il pas « tout brûlant » lorsque, ensemble, certains jours, nous partageons les signes de la présence et de l'amour du Père ?

ANNEXE 1

QUELQUES DONNÉES PRATIQUES POUR ABORDER LES « TÉMOIGNAGES SUR JÉSUS »

La carte qui suit indique que les textes que nous possédons sont nés à des époques et dans des communautés différentes.

Schématiquement, voici les dates de composition de ces textes :

— de l'an 50 à 67 environ : les responsables des communautés (Pierre, Jacques, Paul...) écrivent des lettres pour encourager les « frères » ou préciser tel ou tel point ; cela les amène souvent à faire référence à la vie et à la personne de Jésus ;

— de 70 à 90 environ, des hommes (qu'on nomme suivant la tradition Marc, Matthieu et Luc) mettent par écrit ce que l'on disait de Jésus dans les communautés où ils vivaient. Luc ajoute à l'Évangile un deuxième livre : « Les Actes des Apôtres ». Il y retrace comment le message du Christ s'est répandu depuis Jérusalem jusqu'aux extrémités du monde connu... ;

— Enfin, autour des années 100, dans la dépendance de Jean paraissent le quatrième Évangile, trois lettres et le livre de l'Apocalypse, le dernier de la Bible.

Voici pour les dates, mais les textes sont aussi marqués par les communautés dont ils sont originaires :

— autour des communautés composées surtout de juifs à Jérusalem et aux alentours, nous trouvons les lettres de Jacques, de Jude et l'Évangile de Matthieu ;

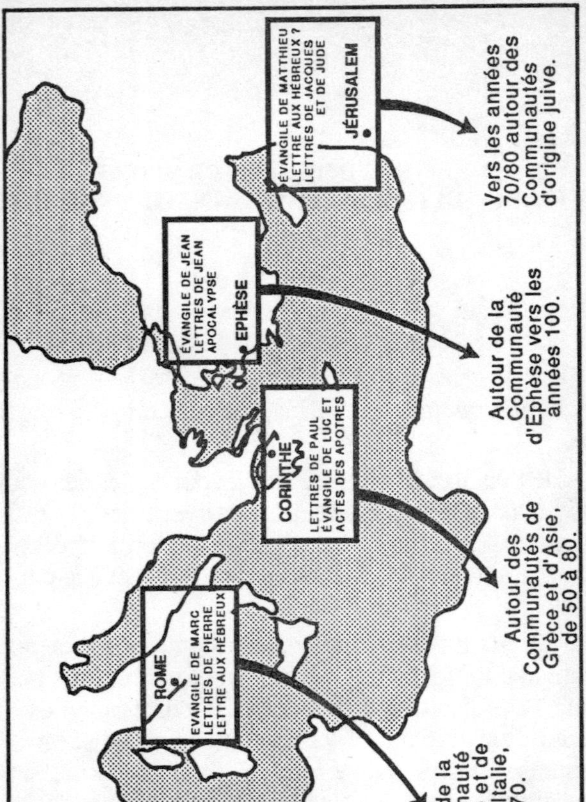

Carte des lieux où sont nés les textes.

— issus d'Asie Mineure (Turquie actuelle) et de Grèce il y a des lettres de Paul et l'Évangile de Luc avec les Actes des Apôtres ;

— de Rome, viennent les lettres de Pierre et l'Évangile de Marc ;

— plus tard, dans la région d'Éphèse, Jean écrit ses lettres, l'Apocalypse et l'Évangile.

C'est par une analyse scientifique des textes que les spécialistes de la Bible ont pu déterminer ces dates et ces lieux : nous pouvons leur faire confiance.

Ces remarques ne doivent pas nous amener à dire : c'est trop compliqué ! elles sont une invitation à une recherche sérieuse : c'est pourquoi il est utile de lire les notes que comporte toute Bible ; cela nous aide à bien situer le texte. Mais c'est aussi une invitation à lire, à travailler la Bible ensemble ; elle a été portée, méditée, rédigée par tout un peuple de témoins ; c'est aussi dans une recherche à plusieurs qu'on en pénètre le sens. Ce que chacun comprend est alors mis à la disposition de tous[1].

1. *A la découverte de la Bible*, Tome 2 : *Un seul Jésus-Christ, une foule de témoins.*

ANNEXE 2

LES TÉMOIGNAGES SUR JÉSUS EN DEHORS DU CERCLE DES CROYANTS

Qui pouvait s'intéresser à cet homme en dehors de ceux qui le suivaient ? Dans un monde où il n'y avait aucun des grands moyens d'information que nous possédons, nul n'a parlé de Jésus durant sa vie : il est passé inaperçu et même sa mort sur une croix n'a été qu'un fait divers ; on ne regardait pas à un crucifié près à cette époque ! C'est bien plus tard, quand les chrétiens deviennent nombreux, que des historiens ou des gouverneurs en parlent.

Trois historiens, un juif et deux Romains, font allusion au Christ. D'abord Josèphe, juif rallié à la cause romaine, écrit entre 80 et 90 l'histoire des guerres juives : un court passage concerne le Christ : « A cette époque vécut Jésus, un homme exceptionnel, car il accomplissait des choses prodigieuses. Maître de gens qui étaient tout disposés à faire bon accueil aux bonnes doctrines, il se gagna beaucoup de monde parmi les juifs et jusque parmi les païens. Lorsque, sur dénonciation des notables, Pilate l'eut condamné à la croix, ceux qui lui avaient donné leur affection au début ne cessèrent pas de l'aimer, parce qu'il leur était apparu le troisième jour de nouveau vivant, comme les prophètes l'avaient déclaré, ainsi que mille autres merveilles à son sujet. De nos jours encore, la lignée de ceux que, à cause de lui, on appelle chrétiens ne s'est pas tarie. »

Plus tard, vers les années 120, Suétone, un historien romain, rapporte qu'en l'an 50 l'empereur Claude fit paraître un décret : il expulsait les juifs de Rome, parce qu'ils s'agitaient à cause d'un certain Christ ; cela nous indique que 20 ans après la mort de Jésus il y avait des chrétiens à Rome.

Tacite, autre historien de la même époque, raconte que, sous Néron, empereur en 64, il y eut à Rome un grand incendie. Le bruit se répandit que Néron lui-même l'avait allumé pour pouvoir reconstruire la ville à sa façon. Il fallut trouver des coupables : on accusa les chrétiens qui, selon Tacite, étaient devenus une foule immense. A cette occasion, il en parle sans aucune sympathie, comme des disciples de « Christ, un certain criminel exécuté par Pilate, gouverneur de Judée » quelque trente ans plus tôt.

Un autre écho vient d'un gouverneur : responsable du maintien de l'ordre dans une province éloignée, Pline écrit à l'empereur Trajan en 112. Des problèmes se posent : il n'y a plus d'acheteurs pour les animaux destinés aux sacrifices et cette situation crée un climat de mécontentement. D'après une enquête qu'il a fait faire, la faute en revient aux « chrétiens » : ces gens-là ne participent plus aux sacrifices païens. On a donc procédé à quelques arrestations, mais on n'a rien découvert de bien grave : ils se réunissent à jour fixe, le matin pour chanter des poèmes à Christ, comme à un Dieu, puis ils se retrouvent pour un repas ordinaire : c'est tout !

Enfin, une allusion chez les juifs qui n'ont pas reconnu Jésus : dans un livre, le Talmud, on peut lire ceci : « Jésus de Nazareth fut pendu à la croix, la veille de Pâque, parce qu'il pratiquait la sorcellerie et qu'il égarait le peuple. »

Tous ces textes sont plus éloignés des événements que les témoignages venus des chrétiens et ils n'ajoutent pas grand-chose à notre connaissance du Christ.

ANNEXE 3

POUR UTILISER CE LIVRE

Pour suivre pas à pas le cheminement de ce livre, voici quelques questionnaires à partager avec d'autres ; cela sera l'occasion de traduire concrètement les découvertes faites et d'approfondir telle ou telle dimension de la vie d'aujourd'hui et de la vie avec le Christ.

Bonne route !

1. Nous avons découvert un peu la vie économique du temps de Jésus (pp. 21 à 25). C'est une invitation à porter le même regard sur notre ville, sur notre région ...
   — Qu'est-ce qui marque notre région : entreprises, cultures, zones de loisirs... ?
   — Relevons tout ce qui écrase les personnes dans leurs conditions de travail, de logement, de détente...
   — Face à cela, regardons tout ce qui est dynamique, tout ce qui est effort pour s'en sortir.
   — A quelle place chacun de nous est-il situé ?

2. Nous sommes invités à regarder les aspects politiques de notre vie (pp. 25 à 29).
   — Quels courants influencent vraiment les personnes ? grâce à quels moyens ? Quel système cela révèle-t-il ?
   — Là où nous vivons, entreprises, quartier, ville ou région, quels sont les courants et les organisations politiques ?

— Connaissons-nous le programme de ces organisations ? Quelle libération proposent-elles à l'homme ?
— Dans quelles initiatives traduisent-elles leurs objectifs concrètement ?
— Comment tout cela nous interroge-t-il ?

3. Jésus s'est nourri de toute l'histoire et de l'espérance de son peuple (pp. 30 à 38).
— Nous-mêmes, connaissons-nous l'histoire de notre peuple, de notre catégorie, de notre région, de notre mouvement, de notre organisation ?
— Quelles avancées, quels échecs, quelles luttes ont été vécus ?
— Quels espoirs portons-nous ensemble ? Qu'expriment nos « fêtes », nos chants ?
— Comment nous sentons-nous porteurs de toute cette vie ensemble ?

4. L'homme Jésus est façonné par la communauté juive (pp. 38 à 41).
Et nous, quel est notre « terroir », notre milieu ?
— Cité ouvrière, petit village, quartier « chic », comment cela nous marque-t-il ? Qu'y voyons-nous de positif ?
— Notre famille : père, mère, frères et sœurs, enfants, les événements vécus ensemble, cela nous façonne : comment ?
Famille éclatée : séparation, divorce...
— Aujourd'hui, comment vivre en fidélité avec le meilleur de ce que nous avons reçu et découvert ?
— Notre mouvement, notre organisation prennent-ils en compte ces aspects de notre vie ?

5. Jésus avance dans sa mission au milieu de tout un peuple et au cœur d'un mouvement : celui de Jean (pp. 43 à 49).
— Aujourd'hui, avec qui avançons-nous ? Faisons la liste précise des personnes avec qui nous vivons, au travail, à l'école, en famille, dans les loisirs... ?

— Dans ce qu'elles vivent : conditions de travail ; situations familiales, compétences... qu'est-ce qui nous interpelle ?
— Comment cela devient-il pour nous des signes de Dieu et comment y répondons-nous ?

6. Jésus annonce le Royaume de Dieu, un renouvellement dans lequel tous sont invités à entrer : cette invitation passe par des propositions précises (pp. 49 à 59).
   — Aujourd'hui quelles nouvelles manières de vivre nous sont-elles proposées ?
     • par les exigences des autres,
     • par les responsabilités qu'on nous demande,
     • pour répondre à tel ou tel appel ?...
   — Dans ce que nous vivons avec d'autres, qu'est-ce qui est dynamique ?
   — Comment proposons-nous à chacun une démarche et des actions qui lui permettent de rejoindre ces dynamismes ?
   — Quels moyens concrets prenons-nous ensemble pour cela ?

7. Pour aller jusqu'au bout de sa mission, Jésus prend un temps d'arrêt avec ses compagnons pour réfléchir au choix qu'il va faire (pp. 59 à 65).
   — Nous-mêmes, quels choix sommes-nous amenés à faire ? A quelles idoles, à quels « rois », refusons-nous de nous enchaîner ?
   — Comment avons-nous réfléchi ces choix ? Qu'est-ce qui nous a permis ou non de prendre des décisions libres, responsables et créatrices ?
   — Ces choix, que nous ont-ils apporté de plus, quelles nouvelles forces avons-nous reçues ?
   — Autour de nous, permettons-nous à chacun de poser des choix libres et créateurs ?

8. Cette longue montée à Jérusalem, Jésus en fait un temps de formation pour ses disciples (pp. 65 à 69).

— Aujourd'hui, notre vie, notre action avec les autres sont-elles un lieu de formation ? Qu'apprenons-nous chaque jour dans le partage de la vie quotidienne ?

— Comment faisons-nous l'effort de prolonger cet apprentissage par une véritable réflexion ?

— Nous voulons, non pas une formation d'élite, mais une formation pour tous : à tous doivent être données les possibilités de grandir, de s'épanouir, de développer ses compétences et cela dans tous les domaines ; notre organisation, notre mouvement et nous-mêmes, sommes-nous au service de cela ?

9. Dans la mort de Jésus, tout semble aboutir à un échec ; lui-même a connu un moment le doute, pourtant il trouve la force d'aller plus loin encore dans le don de lui-même (pp. 69 à 75).

—Quelles expériences d'échecs avons-nous vécues ? dans l'action, dans l'amitié, dans un amour ?

— Est-ce que cela a été pour nous l'occasion d'approfondir nos raisons de vivre ?

— Est-ce que cela a été l'occasion de découvrir nos limites ? ou une occasion d'écrasement total et d'abandon ?

— En quoi ces échecs nous ont-ils fait « mourir » ?

— Avec qui avons-nous partagé cet échec et ses conséquences dans notre vie ?

— Quelles espérances, quelles certitudes nous ont permis d'aller plus loin ?

10. Le Christ est vivant pour toujours et il communique aux témoins sa puissance de vie et d'amour (pp. 75 à 79).

— Aujourd'hui, qu'est-ce qui nous « parle » du Christ dans notre vie. Comment le cherchons-nous ? le découvrons-nous ?

— Comment cette découverte s'est-elle enrichie au cours de notre histoire ?

— Quelle expérience avons-nous faite de son Esprit en nous ?
• quand il change notre regard sur les autres,
• quand il nous invite à de nouvelles manières de vivre ;
• quand il nous propose des choix exigeants,
• quand il nous donne la joie malgré nos limites...
• quand...

11. « Mon Père travaille toujours et moi aussi je travaille » : Jn 5, 17 (pp. 83 à 96).
Nous agissons aussi avec d'autres :
— En quoi consiste cette action ? dans quel domaine agissons-nous, avec qui ? dans quel but, avec quels moyens ?
— Qu'est-ce que notre action « produit » ? (On reconnaît l'arbre à ses fruits.)
• efficacité de notre action ?
• épanouissement, équilibre, joie malgré la fatigue ?
• qualité du climat en famille, dans l'entourage ?
• élargissement à de nouvelles personnes, à de nouveaux secteurs ?
— Quel temps prenons-nous pour faire le point, pour découvrir le « travail » du Christ à travers toutes ces actions ? Sommes-nous exigeants pour ces reprises ?

12. « Les paroles que je vous ai dites sont esprit et elles sont vie » : Jn 6, 63 (pp. 97 à 116).
Nous découvrons ensemble ce que nous dit le Père :
— Quelle est la qualité de notre écoute, dans les événements, dans les rencontres avec d'autres, dans la lecture des publications de notre mouvements, en lisant les Évangiles ?
— Cherchons-nous des consignes à appliquer ou à retrouver un « esprit », à rejoindre une « vie » ?
— Quelle est la qualité de notre parole ? Cherchons-nous à convaincre coûte que coûte ou à éveiller ?

Nos certitudes sont-elles pour les autres un élan ou un boulet ?

— Dans ce que nous disons, comment témoignons-nous d'aspects dynamiques, sommes-nous porteurs d'espérance et de joie ?

— Confronter notre écoute et notre parole à celle du Christ, n'est-ce pas indispensable pour y voir clair ?
(On peut se poser ces questions personnellement ou collectivement).

13. « Dieu n'a pas envoyé son Fils dans le monde pour le condamner, mais pour que le monde soit sauvé par lui » : Jn 3, 27 (pp. 117 à 137).
Encore, nous avons un projet :

— Un projet de vie pour nous, pour les autres ? Essayons de mettre noir sur blanc son contenu : quelle qualité de vie, de liberté, d'exercice des compétences, de développement... voulons-nous ?

— Un projet de société ?
En quoi consiste-t-il ? Ce qu'il suppose pour être mis en œuvre d'une manière réaliste, comment le partageons-nous, comment est-il porté par tout un ensemble ? Dès maintenant y travaillons-nous ?

— Un projet de croyants ?
Qu'est-ce qui nous accroche dans les perspectives du « Royaume de Dieu » et dans le partage en Église ? Comment cela nourrit-il en nous toute espérance et nous pousse à la communiquer à d'autres ?

— Quels liens faisons-nous entre ces divers projets ? Comment traduisons-nous tout cela dans un souci de personnes précises autour de nous ?

14. « Je suis la Résurrection et la Vie » : Jn 11, 25 (pp. 139 à 157).

— Aujourd'hui, qui est le Christ pour nous ? Que pouvons-nous dire de lui ?

— Le Christ a-t-il une place dans notre vie ? Quel temps consacrons-nous à sa recherche ?

— Ce qui nous aide dans cette découverte ?
• le partage entre nous qui peut aller jusqu'à la célébration,
• la lecture des Évangiles, de la Bible,
• des notes prises au jour le jour (ce qu'en JOC on appelle le « carnet de militant »),
• des temps de reprise seul, en commun...

— En fermant ce livre, quels appels à mieux connaître le Christ résonnent en nous ? Quelles exigences cela implique-t-il pour notre emploi du temps, et aussi, ensemble en mouvement ?

— Qu'est-ce que cela renouvelle dans notre vie ?

Quelques livres pour poursuivre la réflexion :

Le Fondateur du christianisme, de C.-H. Dodd, Ed. du Seuil.

Jésus-Christ libérateur, de Léonardo Boff, Ed. du Cerf.

Jésus, homme libre, de Christian Duquoc, Ed. du Cerf.

A la découverte de la Bible, Tome 2 : *Un seul Jésus-Christ, une foule de témoins*, Éditions Ouvrières.

Jésus et l'Histoire, de Ch. Perrot, Ed. Desclée de Brouwer.

L'Ombre du Galiléen, de Gerd Theissen, Ed. du Cerf.

Jésus de Nazareth, de P.-M. Beaude, Ed. Desclée de Brouwer.

TABLE DES MATIÈRES

Derniers ouvrages parus

143. V. Sion, *Réalisme spirituel de Thérèse de Lisieux.*
148. D. Barthélemy, *Dieu et son image.*
200. Conrad de Meester, *Élisabeth de la Trinité racontée par elle-même.*
204. Victor Sion, *Chemin de prière avec Thérèse de Lisieux.*
206. Yves Congar, *Esprit de l'homme, Esprit de Dieu.*
207. Élisabeth de la Trinité, *Pensées I. Vous êtes la Maison de Dieu.*
208. Élisabeth de la Trinité, *Pensées II. Pour son amour j'ai tout perdu.*
211. Jean-René Bouchet, *Si tu cherches Dieu.*
212. Ambroise-Marie Carré, *Baptisés dans le Christ.*
213. François Monfort, *Une catéchèse selon l'Évangile.*
214. Saint Augustin, *Jésus-Christ mort et ressuscité pour nous.*
215. Père Chevrier, *Écrits spirituels.*
216. Alain Weidert, *Des laïcs autrement.*
217. Herbert Mc Cabe, *La Foi catholique. Petit catéchisme.*
218. Guy Gaucher, *Histoire d'une vie, Thérèse Martin.*
219. Dom Miquel, *Petit traité de théologie symbolique.*
220. Fraternités monastiques de Jérusalem, *Jérusalem, livre de vie.*
221. Jean Rigal, *Services et Responsabilités dans l'Église, les ministères.*
222. Saint Léon le Grand, *Le Mystère de l'Incarnation.*
223. Clodovis et Leonardo Boff, *Qu'est-ce que la théologie de la libération ?*
224. Bérulle, *Élévation sur sainte Madeleine.*
225. Ambroise-Marie Carré, *La Rencontre avec Jésus-Christ.* suivi de : Lacordaire, *Jésus-Christ.*
226. Lacordaire, *Lettres à un jeune homme.*
227. Pie Régamey, *Portrait spirituel du chrétien.*

228. Jean VANIER, *Ton silence m'appelle.*
229. André BARRAL-BARON, *Naître, vivre et mourir aujourd'hui.*
230. Claude MONDÉSERT, *Lire les Pères de l'Église.*
231. UN MOINE DE L'ÉGLISE D'ORIENT, *Notre Père.*
232. UN MOINE DE L'ÉGLISE D'ORIENT, *L'Offrande liturgique.*
233. BÉRULLE, *Les mystères de la vie du Christ.*
234. Jean VANIER, *Ouvre mes bras.*
235. René MARICHAL, *Premiers chrétiens de Russie.*
236. BÉRULLE, *La vie de Jésus.*
237. Patrice DE LA TOUR DU PIN, *Psaumes de tous mes temps.*
238. LACORDAIRE, *Vie de Saint Dominique.*
239. LAMENNAIS, *L'imitation de Jésus-Christ.*
240. ATHANASE, *Antoine le Grand, Père des moines.*
241. Maurice BELLET, *La force de vivre.*
242. Chiara LUBICH, *Méditations.*
243. André SÈVE, *Essayer d'aimer.*
244. *Les Écrits des Pères apostoliques.*
245. Bernard BRO et Michel CARROUGES, *Jean-Marie Vianney curé d'Ars.*
246. Vladimir LOSSKY, *Essai sur la théologie mystique de l'Église d'Orient.*
247. Jean GUITTON, *L'évangile dans ma vie.*
248. Carlo CARRETTO, *Mon Père je m'abandonne à toi.*
249. André BARRAL-BARON, *Le célibat, chemin de vie.*
250. Cardinal J.-Marie LUSTIGER, *Le sacrement de l'onction des malades.*
251. Hans KUNG, *Qu'est-ce que l'Église ?*
252. Louis EVELY, *Oser parler.*
253. Pierre GUILBERT, *La prière retrouvée.*
254. Michel QUOIST, *Quand la vie devient prière.*
255. Claire et François d'Assise.
256. Michel BOUTIER, *Quêtes et requêtes.*

257. Stan ROUGIER, *L'avenir est à la tendresse.*
258. Frère YOHANAN, *Juifs et chrétiens d'hier à demain.*
259. Alain PATIN, *Celui qu'on appelle Jésus.*
260. Odon CASEL, *Le mystère de la liturgie.*

N° d'éditeur : 4592
N° d'imprimeur : 3140
Dépôt légal : novembre 1990

Imprimé en France

Cet ouvrage a été saisi, enrichi et mis en pages
sur micro-informatique (PAO)
Par EDI (Études et Documentation Internationales)
29, rue Descartes — 75005 Paris — Tél. : (1) 43 29 55 20

Reproduit et achevé d'imprimer en novembre 1990
par l'Imprimerie Bussière, Saint-Amand (Cher)